A MESA DA PALAVRA
I

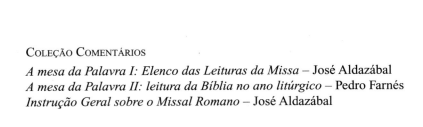

Coleção Comentários

A mesa da Palavra I: Elenco das Leituras da Missa – José Aldazábal
A mesa da Palavra II: leitura da Bíblia no ano litúrgico – Pedro Farnés
Instrução Geral sobre o Missal Romano – José Aldazábal

José Aldazábal

A MESA DA PALAVRA
I

Elenco das Leituras da Missa

Dados Internacionais de Catalogação na Publicação (CIP)
(Câmara Brasileira do Livro, SP, Brasil)

Aldazábal, José, 1933-2006
 A mesa da Palavra I : elenco das leituras da missa : texto e comentário / José Aldazábal ; [tradução Ricardo Souza de Carvalho]. — São Paulo : Paulinas, 2007. — (Coleção comentários)

 Título original: La mesa de la palabra
 Bibliografia.
 ISBN 978-85-356-2070-2
 ISBN 84-7467-134-5 (ed. original)

 1. Celebrações litúrgicas 2. Missa – Celebração 3. Palavra de Deus I. Título II. Série.

 07-5389 CDD-264.02036

Índices para catálogo sistemático:

1. Leituras da Missa : Texto e comentário : Igreja Católica : Cristianismo 264.02036
2. Missa: Leituras : Texto e comentário : Igreja Católica : Cristianismo 264.02036

Título original da obra: *La mesa de la palabra*
© Centre de Pastoral Litúrgica, Barcelona, 1994

Direção-geral: Flávia Reginatto
Editores responsáveis: Vera Ivanise Bombonatto
 Antonio Francisco Lelo
Tradução: Ricardo Souza de Carvalho
Copidesque: Anoar Jarbas Provenzi
Coordenação de revisão: Marina Mendonça
Revisão: Mônica Elaine G. S. da Costa
Direção de arte: Irma Cipriani
Gerente de produção: Felício Calegaro Neto
Capa e produção de arte: Wilson Teodoro Garcia

Nenhuma parte desta obra poderá ser reproduzida ou transmitida por qualquer forma e/ou quaisquer meios (eletrônico ou mecânico, incluindo fotocópia e gravação) ou arquivada em qualquer sistema ou banco de dados sem permissão escrita da Editora. Direitos reservados.

Paulinas
Rua Pedro de Toledo, 164
04039-000 – São Paulo – SP (Brasil)
Tel.: (0XX11) 2125-3549 – Fax.: (0XX11) 2125-3548
http://www.paulinas.org.br – editora@paulinas.com.br
Telemarketing e SAC: 0800-7010081
© Pia Sociedade Filhas de São Paulo – São Paulo, 2007

INTRODUÇÃO

Um documento para celebrar melhor a Palavra de Deus

José Aldazábal

Oferecemos aqui os *Praenotanda* completos do novo Lecionário para a Eucaristia, em sua segunda edição oficial de 1981.

Viemos utilizando o próprio Lecionário e seus conteúdos — que é o verdadeiro OLM, ou seja, *Ordo Lectionum Missae* [Elenco das Leituras da Missa] — já desde sua primeira aparição em 1969; e também nos são familiares as mudanças e retoques que lhe foram feitos em 1981.

Mas não costumam ser muito conhecidos, nem por parte dos pastores, nem por parte do Povo de Deus, o espírito, a teologia, os critérios com os quais se fez esta determinada seleção e organização de leituras bíblicas para nossa celebração. E é isso que os *Praenotanda* nos descrevem.

Acreditamos que dar a conhecer esses princípios e motivações do novo Lecionário — ou melhor, facilitar o acesso a eles, já que sua edição oficial já existe e vai se incorporando às novas edições dos Lecionários — pode ser uma boa ajuda para que todos nós celebremos melhor a Palavra de Deus na Eucaristia.

Conhecer mais a fundo as razões que levaram a estruturar de um modo concreto a proclamação da Palavra de Deus em um tempo ou em uma festa determinados, certamente predispõe mais a acolher a mensagem desta palavra com atitude de fé.

Trata-se não apenas de que "a mesa da Palavra de Deus seja preparada com mais abundância para os fiéis", como pedia SC 51 e que já se realizou objetivamente com os novos Lecionários, mas também de que se cumpra igualmente a outra grande instrução: "É preciso fomentar aquele amor suave e vivo para com a Sagrada Escritura que testemunha a venerável tradição dos ritos tanto orientais quanto ocidentais" (SC 24).

Uma leitura atenta dos princípios e motivações contidos nestes *Praenotanda*, e também dos comentários que em nota de rodapé quisemos acrescentar, pode ser de ajuda para conhecer melhor a riqueza nos oferecida aqui, e, conhecendo-a, aproveitá-la melhor em nossa celebração.

A acolhida e a celebração da Palavra de Deus foi um dos valores superados em nossa geração. Um valor que já está sendo assimilado por parte de todos, mas que ainda poderia ser muito mais satisfatoriamente aproveitado.

Além do documento introdutório do OLM, publicamos aqui alguns exemplos ou mostras, principalmente para os tempos fortes do ano, fazendo ver o espírito da "organização" de suas leituras.

AS NOVIDADES DA SEGUNDA EDIÇÃO DE 1981

Os livros litúrgicos surgidos da reforma pós-conciliar oferecem, antes de mais nada, alguns textos introdutórios, chamados *Praenotanda*, onde se condensa a compreensão teológica, bem como as diretrizes principais, da celebração e da pastoral de cada sacramento ou ação litúrgica.

Nessas introduções se presta mais atenção ao "que" se celebra e ao "por que" e "para que", e menos ao "como" da celebração. Se a preocupação clássica — há tempo superada — da liturgia eram as rubricas, ou seja, o "como" da celebração, o estilo atual dos livros litúrgicos é conceder a prioridade aos objetivos teológico-pastorais da ação comunitária.

No caso da primeira parte da Eucaristia, a liturgia da Palavra de Deus, existe agora um documento, aqui reproduzido e comentado, que na verdade nos ajuda a entender a razão de uma comunidade cristã celebrar a palavra, as direções e critérios que foram seguidos na seleção de leituras, e as condições necessárias para que a celebração seja na verdade proveitosa para todos.

Na primeira edição do Lecionário em 1969, já havia alguns *Praenotanda* que explicavam o sentido e os critérios da distribuição das diversas leituras.

Mas, em 1981, apareceu uma nova edição típica, com algumas mudanças nas leituras e, sobretudo, com uma Introdução muito mais rica.

Introdução

Acreditou-se que era conveniente fazer essas mudanças e ampliar os *Praenotanda* ao preparar uma edição nova, aproveitando que a anterior tinha se esgotado. Além disso, tomou-se a decisão de utilizar a versão latina da Nova Vulgata, de 1979,[1] e percebeu-se também a conveniência de acrescentar leituras para a celebração de sacramentos, cujos Rituais tinham aparecido depois de 1969, assim como para outras Missas votivas que haviam sido incorporadas ao Missal em sua edição de 1975.

Se já em conjunto a primeira aparição do Lecionário tinha sido uma das melhores realizações da reforma, agora, com os novos *Praenotanda*, certamente representa para a Igreja uma riqueza inestimável.

As principais *novidades* desta edição de 1981 são:

a) Antes de mais nada, os novos *Praenotanda*: antes tinham 25 números, e agora chegam a 125; praticamente os três primeiros capítulos atuais são novos, ou seja, as premissas e toda a primeira parte (nn. 1-75). A segunda parte, os capítulos IV-V, é o que havia antes na edição de 1969: os critérios de escolha de leituras. O que se quis acrescentar mais extensamente são os princípios teológicos, espirituais e pastorais sobre a Liturgia da palavra na celebração eucarística.[2]

b) *Leituras diversas* para os Rituais dos sacramentos posteriores a 1969[3] e para outras Missas votivas.

c) *Leituras alternativas* foram acrescentadas a algumas missas para os ciclos B e C: as festas da Sagrada Família, Batismo do Senhor, Ascensão, Pentecostes, que antes apenas tinham um único formulário.

d) *As leituras anteriores foram revisadas*, alongando ou encurtando algumas delas. Assim, na Vigília Pascal do ciclo B, antes se lia Mc 16,1-8, e agora é Mc 16,1-7; no terceiro domingo da Páscoa, ciclo A, a primeira leitura havia omitido os vv. 32-33 de Atos, que eram importantes, e agora foram incluídos...

---

[1] Cf. *Notitiae* (1979) 233ss.683. Não é indiferente este fato, embora apenas afete primordialmente ao texto latino típico. Por exemplo, a frase "si consurrexistis cum Christo", agora é "si consurrexistis Christo".

[2] Também estes capítulos IV-VI contêm novidades na edição de 1981: por exemplo, sua insistência na finalidade pastoral, que afirma já ao princípio (OLM 58) e repete várias vezes depois.

[3] Exceto o sacramento da Reconciliação, que não se pode unir à Eucaristia (cf. OLM 85.88).

e) Foram acrescentadas várias *aclamações* ao Evangelho, assim como *salmos* responsoriais, sobretudo para missas votivas e comuns.[4]

Em geral, a nova edição leva em conta não apenas os critérios já manifestados na *Sacrosanctum Concilium*, mas também as evoluções que tiveram lugar nas publicações sucessivas dos livros litúrgicos (missas da Dedicação, da profissão religiosa, nova situação dos ministérios etc.).

Fundamenta-se também melhor a razão de ter preparado um único Lecionário (OLM 59.62), o valor de uma ordenação tão abundante ("uma distribuição de leituras bíblicas que possibilita aos cristãos o conhecimento de toda a Palavra de Deus... [de modo que] conheçam mais profundamente a fé que professam e a história da salvação": OLM 60), o porquê não se quis uma estruturação temática, mas preferiu-se a leitura semicontínua da palavra (OLM 68, que é novo), ou melhor, a razão de ser das três leituras nas celebrações dominicais (que agora no OLM se fazem mais fortemente urgentes, enquanto antes se afirmava que "valde optandum est")...

Aqui oferecemos *o texto* íntegro desta introdução ao Lecionário segundo a edição de 1981. Os *comentários* que em nota de rodapé acrescentamos aos diversos números do OLM querem ajudar a conhecer melhor as linhas mestras deste livro.

---

[4] Para a Quaresma, havia quatro fórmulas de aclamação, e agora são oito. Outras mudanças significativas: por exemplo, a Missa Crismal da Quinta-feira Santa não é incluída dentro do Tríduo Pascal, que começa com a Missa Vespertina, mas na parte das férias anteriores, porque ainda pertence à Quaresma.
As mudanças da segunda edição com relação à primeira podem ser vistas na revista *Notitiae* 180-183 (1981), pp. 420-462.

ELENCO DAS LEITURAS DA MISSA
PROÊMIO

CAPÍTULO I
PRINCÍPIOS GERAIS PARA A CELEBRAÇÃO LITÚRGICA DA PALAVRA DE DEUS

1. ALGUMAS PREMISSAS

a) Importância da Palavra de Deus na celebração litúrgica

1. O Concílio Vaticano II,[1] o magistério dos Sumos Pontífices[2] e os vários documentos promulgados depois do mesmo Concílio

---

[1] Cf. especialmente em Concílio Vaticano II, Constituição sobre a Sagrada Liturgia, *Sacrosanctum Concilium*, nn. 7.24.33.35.48.51.52.56; Constituição Dogmática sobre a Revelação Divina, *Dei Verbum*, nn. 1.21.25.26; Decreto sobre Atividade Missionária da Igreja, *Ad gentes*, n. 6; Decreto sobre o Ministério e a Vida dos Presbíteros, *Presbyterorum ordinis*, n. 18.

[2] Cf. entre os pronunciamentos orais ou escritos dos Sumos Pontífices, principalmente de Paulo VI, Carta Apostólica *Ministeria quaedam*, de 15 de agosto de 1972, n. V, in AAS 64 (1972), p. 532; Exortação Apostólica *Marialis cultus*, de 2 de fevereiro de 1974, n. 12, in AAS 66 (1974), pp. 125-126; Exortação Apostólica *Evangelii nuntiandi*, de 8 de dezembro de 1975, n. 28, in AAS 68 (1976), pp. 24-25; n. 43, ibid., pp. 33-34; n. 47, ibid., pp. 36-37; de João Paulo II: Constituição Apostólica *Scripturarum thesaurus*, de 25 de abril de 1979, in edição da Nova Vulgata *Bibliorum Sacrorum*, Tipografia Poliglota Vaticana, 1979, pp. V-VIII; Exortação Apostólica *Catechesi tradendae*, 16 de outubro de 1979, n. 23, in AAS 71 (1979), pp. 1.296-1297; n. 27, ibid., pp. 1.298-1.299; n. 48, ibid., p. 1.316; Carta *Dominicae cenae*, de 24 de fevereiro de 1980, n. 10, in AAS 72 (1980), pp. 134-137.

---

1. *A importância da Palavra de Deus*, sobretudo nas celebrações litúrgicas, é um dos valores que mais têm sido ressaltados na atual sensibilidade da Igreja.

Os nn. 1-9 deste OLM vêm a ser a introdução a toda celebração da palavra da liturgia, para passar, a partir do número 10, à celebração da Eucaristia.

por diversas Congregações da Santa Sé[3] apontaram muitos aspectos sobre o valor da Palavra de Deus e sobre a restauração do uso da Sagrada Escritura em toda celebração litúrgica. Além disso, na Introdução do *Elenco das Leituras da Missa*, publicado em 1969, foram oportunamente propostos e brevemente ilustrados alguns princípios de especial importância.[4]

Mas agora, por ocasião desta nova edição do *Elenco das Leituras da Missa*, já que de diferentes lugares se pedia que se redigissem com mais precisão tais princípios, elaborou-se esta introdução de forma mais ampla e clara; nela, depois de uma afirmação genérica sobre a conexão entre a Palavra de Deus e a ação litúrgica,[5] tratar-se-á primeiramente da Palavra de Deus na celebração da Missa e, depois, se apresentará a estrutura detalhada da ordem das leituras.

---

[3] Cf. SAGRADA CONGREGAÇÃO DOS RITOS, Instrução *Eucharisticum mysterium*, de 25 de maio de 1967, n. 10, in AAS 59 (1967), pp. 574-548; SAGRADA CONGREGAÇÃO PARA O CULTO DIVINO, Instrução *Liturgicae instaurationes*, de 5 de setembro de 1970, n. 2, in AAS 62 (1970, pp. 695-696; SAGRADA CONGREGAÇÃO PARA O CLERO, *Directorium catechisticum generale*, de 11 de abril de 1971, in AAS 64 (1972), pp. 106-107; n. 25, Ibid., p. 114; SAGRADA CONGREGAÇÃO PARA O CULTO DIVINO, *Instrução Geral sobre o Missal Romano*, nn. 9.11.24.33.60.62.316.320; SAGRADA CONGREGAÇÃO PARA A EDUCAÇÃO CATÓLICA, Instrução sobre o ensino da Liturgia nos seminários, *In ecclesiasticam*, de 3 de junho de 1979, nn. 11.52; ibid., Apêndice, n. 15; SAGRADA CONGREGAÇÃO PARA OS SACRAMENTOS E O CULTO DIVINO, Instrução *Inaestimabile donum*, de 3 de abril de 1980, nn. 1.2.3, in AAS 72 (1980), pp. 333-334;

[4] Cf. *Missal romano*. *Elenco das Leituras da Missa* (Tipografia Poliglota Vaticana, 1969), IX- XII (Introdução); Decreto de promulgação, in AAS 61 (1969), pp. 548-549.

[5] Cf. CONCÍLIO VATICANO II, Constituição sobre a Sagrada Liturgia *Sacrosanctum Concilium*, nn. 35.56; PAULO VI, Exortação Apostólica *Evangelii nuntiandi*, de 8 de dezembro de 1975, nn. 28.47, in AAS 68 (1976), pp. 24-25.36-37; João Paulo II: Carta *Dominicae cenae*, de 24 de fevereiro de 1980, nn. 10.11.12, in AAS 72 (1980), pp. 134-146.

Na nota ao número 1 são enumeradas diversas passagens que já tinham apontado esta importância:

a) os *documentos do Vaticano II*: SC 7.24.33.48.51.52.56; DV 1.21.25.26; AG 6; PO 18;

b) *o magistério dos Papas*: Paulo VI, *Ministeria quaedam*, de 1972, n. V; *Marialis cultus*, de 1974, n. 12; *Evangelii nuntiandi*, de 1975, nn.

b) Termos que se utilizam para designar a Palavra de Deus

2. Ainda que para esta matéria possa parecer realmente necessária uma delimitação dos termos, para maior clareza e exatidão do sentido, nesta introdução, no entanto, utilizaremos as mesmas palavras usadas nos documentos conciliares e pós-conciliares, e chamaremos indistintamente Sagradas Escrituras ou Palavra de Deus aos livros inspirados pelo Espírito Santo, porém evitando toda confusão de nomes e coisas.[6]

---

[6] Assim, por exemplo, Palavra de Deus, Sagrada Escritura, Antigo e Novo Testamento, Leitura(s) da Palavra de Deus, Leitura(s) da Sagrada Escritura, Celebração(ões) da Palavra de Deus etc.

28.43.47; João Paulo II, *Scripturarum thesaurus*, de 1979; *Catechesi tradendae*, de 1979, nn. 23.27.48; *Dominicae cenae*, de 1980, n. 10;

c) os *decretos das Sagradas Congregações*: Congregação dos Ritos, *Eucharisticum mysterium*, de 1967, n. 10; Congregação para o Culto Divino, *Liturgicae instaurationes*, de 1970, n. 2; *IGMR*, nn. 29.31.46.55-56.93.95-97.355.359; *Inaestimabile donum*, de 1980, nn. 1.3; Congregação para o Clero, *Directorium catechisticum generale*, de 1917, n. 25; Congregação para o Ensino Católico, *In ecclesiasticam*, de 1979, nn. 11.52 e n. 15 do apêndice. Naturalmente já na primeira edição do OLM, em 1969, se afirmava esta importância: agora em OLM 69.

Também a conexão entre a palavra e a ação litúrgica, da qual fala este n. 1, e que voltará a ser destacada várias vezes, havia sido tratada em SC 35.56; *Evangelii nuntiandi*, nn. 28.47 e *Dominicae cenae*, nn. 10-12.

2. *É variada a terminologia* com a qual se designa a Palavra de Deus; aqui não se têm pretensões de precisão técnica.

Assim, em nota, são destacados termos como "Palavra de Deus", "Sagrada Escritura", "Antigo e Novo Testamento", "leitura da Palavra de Deus", "leitura da Sagrada Escritura", "celebração da Palavra de Deus" etc. Rigorosamente, "Palavra de Deus" abarca mais que a Escritura, mas no uso dos documentos se refere sobretudo à palavra escrita, a qual ficou registrada nos livros do Antigo e do Novo Testamento pela inspiração do Espírito de Deus.

c) Valor litúrgico da Palavra de Deus

3. Nas diferentes celebrações e nas diversas assembléias, das quais os fiéis participam de maneira admirável, exprimem-se os múltiplos tesouros da única Palavra de Deus, seja no transcorrer do ano litúrgico, em que se recorda o mistério de Cristo em seu desenvolvimento, seja na celebração dos sacramentos e sacramentais da Igreja, seja nas respostas de cada fiel à ação interna do Espírito Santo.[7] Desse modo, a mesma celebração litúrgica, que se sustenta e se apóia principalmente na Palavra de Deus, converte-se num acontecimento novo e enriquece a palavra com uma nova interpretação e eficácia. Por isso, a Igreja continua fielmente na Liturgia o mesmo sistema que usou Cristo na leitura e interpretação das Sagradas Escrituras, visto que ele exorta a aprofundar o conjunto das Escrituras, partindo do "hoje" de seu acontecimento pessoal.[8]

---

[7] Um só e mesmo texto, por isso, pode ser lido e usado sob diversos aspectos e em diversas ocasiões e celebrações litúrgicas da Igreja durante o ano. Isso se deve ter presente na homilia, na exegese pastoral e na catequese. Conforme os índices colocados no presente volume, todos podem usar, por exemplo, os caps. 6 ou 8 da Epístola aos Romanos, nos diversos tempos litúrgicos do ano C, nas diversas celebrações de sacramentos e sacramentais.

[8] Cf. Lc 4,16-21; 24,25-35.44-49.

---

3. *Única palavra, mas acontecimento sempre novo*

A Palavra de Deus contida na Bíblia se converte cada vez, na celebração litúrgica, em um "acontecimento novo", e adquire — segundo os tempos do ano litúrgico, as festas ou a celebração concreta — "uma nova interpretação e eficácia".

A celebração litúrgica da palavra não é uma mera reunião de estudo ou uma catequese de formação permanente em torno de um livro sagrado: é o acontecimento de um Deus que fala hoje e aqui a esta comunidade concreta.

Em nota, o documento destaca que "um só e mesmo texto, por isso, pode ser lido e usado sob diversos aspectos e em diversas ocasiões e celebrações litúrgicas da Igreja durante o ano. Isso se deve ter presente na homilia, na exegese pastoral e na catequese. Conforme os índices

I — Princípios Gerais para a Celebração Litúrgica

2. CELEBRAÇÃO LITÚRGICA DA PALAVRA DE DEUS

a) Característica própria da Palavra de Deus na ação litúrgica

4. Na celebração litúrgica, a Palavra de Deus não se exprime sempre do mesmo modo,[9] nem penetra sempre nos corações

---

[9] Assim, por exemplo, proclamação ou Leitura etc., na celebração da Missa (cf. *Instrução Geral* sobre o *Missal Romano*, nn. 21.23.95.131.146.234.235); assim sobretudo as celebrações da Palavra de Deus no *Pontifical e Ritual Romano*, e na Liturgia das Horas, instauradas pelo Decreto do Sacrossanto Concílio Ecumênico Vaticano II.

---

colocados no presente volume, todos podem usar, por exemplo, os caps. 6 e 8 da Epístola aos Romanos, nos diversos tempos litúrgicos do ano C, nas diversas celebrações de sacramentos e sacramentais".

O princípio hermenêutico da palavra revelada, quando é proclamada na liturgia, é muito peculiar: é a própria celebração, a partir de seu "hoje" e "aqui", a qual ampara e dá novo e eficaz sentido à palavra contida nos livros escritos. Como o próprio Jesus fez em sua homilia em Nazaré (Lc 4,16-21: "Hoje, esta escritura se realizou para vós que a ouvis"; cf. também Lc 24,25-35.44-49).

Além dos exemplos de Rm 6 (sobre o Batismo) e Rm 8 (a vida segundo o Espírito), que podem ter tonalidades diferentes segundo a celebração na qual são proclamados, também é clássico o caso das bodas de Caná, que pode conter aplicações diversas se for lida na celebração do matrimônio, ou em uma festa de Nossa Senhora, ou na época do Natal, ou na leitura continuada...

Por isso, os critérios de seleção das leituras não são, na Liturgia, meramente exegéticos, mas levam em conta o tempo, a festa ou a celebração sacramental concreta. Nosso documento voltará a insistir na estreita relação entre a palavra proclamada e a celebração sacramental: principalmente em OLM 10.

4. *Cristo, presente em sua palavra*

Se a palavra revelada é sempre "viva e eficaz", se "não cessa de recordar e prolongar" a salvação, e se adquire sua máxima expressividade e

dos fiéis com a mesma eficácia; mas Cristo está sempre em sua palavra[10] e, realizando o mistério da salvação, santifica os homens e presta ao Pai o culto perfeito.[11]
Mais ainda, a economia da salvação que a Palavra de Deus não cessa de recordar e prolongar, alcança seu mais pleno sig-

---

[10] Cf. CONCÍLIO VATICANO II, Constituição sobre a Sagrada Liturgia, *Sacrosanctum Concilium*, nn. 7.33; Mc 16,19-20; Mt 28,20; SANTO AGOSTINHO, Sermão 85,1: "A boca de Cristo é o Evangelho. Está sentado no céu, mas não deixa de falar na terra" (PL 38,520; cf. também *In Jo Ev. Tract. XXX*, 1: PL 35,1632; CCL 36,289) e do *Pontifical Romano Germânico* esta frase: "O Evangelho porém é lido, no qual Cristo fala ao povo com a sua boca, para que o Evangelho chame novamente como se o próprio Cristo falasse ao povo" (cf. V. VOGEL; R. ELZE, ed., *Le Pontifical Romano-germanique du dixieme siècle. Le Texte*, I. Cidade do Vaticano, 1963, XCIV, 18, p. 334) ou "Quando vem o próprio Cristo, isto é, o Evangelho, deixamos as muletas, porque não precisamos mais de ajuda humana" (op. cit., XCIV, 23, p. 335).

[11] Cf. CONCÍLIO VATICANO II, Constituição sobre a Sagrada Liturgia, *Sacrosanctum Concilium*, n. 7.

---

força salvadora dentro da celebração litúrgica, o motivo fundamental é o seguinte destacado: *Cristo está presente e ativo* quando se proclama a palavra na comunidade, e, "realizando o mistério da salvação, santifica os homens e presta ao Pai o culto perfeito".

É uma convicção que foi crescendo na fé da Igreja, sobretudo desde o Concílio. Em nota, além de citar SC 7.33 e as palavras de Mc 16,19-20 e Mt 28,20, o documento contém várias afirmações patrísticas e litúrgicas: Agostinho: "A boca de Cristo é o Evangelho. Está sentado no céu, mas não deixa de falar na terra" (*Sermo* 85,1: PL 38,520; cf. também *In Ioannis Evang. Tract.* XXX,1; PL 35,1632); ou o *Pontifical Romano Germânico*: "O Evangelho porém é lido, no qual Cristo fala ao povo com sua boca, para que o Evangelho chame novamente como se o próprio Cristo falasse ao povo... Quando vem o próprio Cristo, isto é, o Evangelho, deixamos as muletas, porque não precisamos mais de ajuda humana" (edição de Vogel-Elze, 1963, XCIV, 18, p. 334, e 23, p. 335). Poderia ter citado também afirmações semelhantes de IGMR 55.

nificado na ação litúrgica, de modo que a celebração litúrgica se converta numa contínua, plena e eficaz apresentação desta Palavra de Deus.

Assim, a Palavra de Deus, proposta continuamente na Liturgia, é sempre viva e eficaz[12] pelo poder do Espírito Santo, e manifesta o amor ativo do Pai, que nunca deixa de ser eficaz entre os homens.

---

[12] Cf. Hb 4,12.

Jesus, o Senhor Glorioso, não apenas está presente de um modo sacramental, real e densíssimo, no Pão e no Vinho da Eucaristia — a presença real por antonomásia, na qual Cristo se faz nosso alimento —, mas também está na palavra que se proclama, e ainda antes na própria comunidade reunida. É uma chave unitária, a da presença do Ressuscitado aos seus, a partir do "eu estarei convosco todos os dias...".

É uma idéia básica para entender o valor sacramental de toda celebração da palavra na comunidade cristã, que se converte "numa contínua, plena e eficaz apresentação desta Palavra de Deus". É uma presença pessoal, dinâmica, salvadora, de Cristo, que primeiro se dá a nós como palavra e depois como alimento eucarístico. Primeiro "comungamos" com ele como a palavra viva de Deus (ele *é* a palavra definitiva) e depois como Pão e Vinho.

Esta perspectiva aparecerá repetidamente depois: quando se fala de como a Igreja é "alimentada espiritualmente e operante nestas duas mesas" (OLM 10), ou de que "Cristo está sempre presente e operante na pregação de sua Igreja" (OLM 24), ou da "presença de Deus que fala a seu povo" (OLM 35) e, sobretudo, em OLM 46, quando se afirma que os fiéis hão de ter a convicção de que há apenas uma presença de Cristo, presença na Palavra de Deus, "pois, quando se lê na Igreja a Sagrada Escritura, é ele quem fala, como especialmente sob as espécies eucarísticas".

b) A Palavra de Deus na economia da salvação

5. A Igreja anuncia o mesmo e único mistério de Cristo quando proclama, na celebração litúrgica, o Antigo e o Novo Testamento. Com efeito, no Antigo Testamento está latente o Novo, e no Novo se faz patente o Antigo.[13] O centro e a plenitude de toda a Escritura e de toda a celebração Litúrgica é Cristo:[14] por isso deverão beber de sua fonte todos os que buscam a salvação e a vida.

---

[13] Cf. Santo Agostinho in *Quaestionum in Heptateuchum liber* 2,73 (PL 34,623, CCL 33,106); Concílio Vaticano II, Constituição Dogmática sobre a Revelação Divina, *Dei Verbum*, n. 16.

[14] Cf. São Jerônimo: "Pois, se conforme o apóstolo Paulo (1Cor 1,24) Cristo é a força e a sabedoria de Deus, aquele que não conhece as Escrituras, não conhece a força e a sabedoria de Deus. Quem ignora as Escrituras, ignora o Cristo" (*Commentarii in Isaiam prophetam, Prologus,* in: PL 24,17 A; CCL 73,1); Concílio Vaticano II, Constituição Dogmática sobre a Revelação Divina, *Dei Verbum*, n. 25.

---

5. Também o Antigo Testamento

É interessante a valorização que este número faz do Antigo Testamento e de sua leitura na celebração.

O mistério cristão não é fundamentalmente uma série de verdades para crer ou de deveres a cumprir; é, sobretudo, história da salvação. E esta história é a que unitariamente nos propõem o Antigo e o Novo Testamento, com o centro em Jesus Cristo. Não se pode entender bem o Novo Testamento sem entender antes as categorias que já se preparavam pedagogicamente no Antigo: a Páscoa, a Aliança, os profetas, o Servo...

A citação de que no Antigo Testamento está latente ("latet") já o Novo, e no Novo se faz patente ("patet") o Antigo, é de santo Agostinho: *Quaestionum in Heptateuchum liber* 2,73 (PL 34,623; cf. DV 16). O documento também traz em nota uma citação de são Jerônimo: "Pois, se conforme o apóstolo Paulo (1Cor 1,24) Cristo é a força e a sabedoria de Deus, aquele que não conhece as Escrituras não conhece a força e a sabedoria de Deus. Quem ignora as Escrituras ignora Cristo" (*Com-*

I — Princípios Gerais para a Celebração Litúrgica

Quanto mais profundamente se compreender a celebração litúrgica, mais profundamente também se estimará a importância da Palavra de Deus; e o que se diz de uma, pode-se afirmar da outra, visto que ambas lembram o mistério de Cristo e o perpetuam cada qual a seu modo.

ment. in Isaiam prophetam, Prologus: PL 24, 17 A: cf. DV 25). Podem ser lembradas também as afirmações e as citações bíblicas que foram comentadas em OLM 3, sobre a centralidade de Cristo nesta história da salvação.

É uma idéia que aparecerá também mais adiante: em OLM 60 se afirma como no Lecionário vai se apresentando "toda a Palavra de Deus", desmembrada ao longo do ano; em OLM 61 se considera que essas leituras do Lecionário oferecem "os fatos e palavras principais da história da salvação, tomando-os da Sagrada Escritura, de tal modo que esta história da salvação, que a liturgia da Palavra vai recordando passo a passo, em seus diversos momentos e eventos, aparece diante dos fiéis como algo que tem uma continuidade atual ao se fazer presente de novo o mistério pascal de Cristo, celebrado pela Eucaristia"; em OLM 66 são motivadas as três leituras do domingo, com a do Antigo Testamento como primeira, porque assim "sublinha-se a unidade entre o Antigo e o Novo Testamento, e da história da salvação, cujo centro é Cristo e seu mistério pascal que celebramos"; em OLM 67 se explica o princípio de "congruência" ou de "harmonia" com que foram escolhidas para determinados dias as leituras do Antigo Testamento, especialmente com o Evangelho; em OLM 106 se volta a insistir que a leitura do Antigo Testamento nos domingos comuns foi escolhida "para evidenciar a unidade de ambos os Testamentos".

Isso exige da parte de quem vai realizar a homilia um conhecimento estreito da relação entre o Antigo e o Novo Testamento (OLM 24.39).

Uma última idéia aparece aqui: a unidade dinâmica da palavra com a celebração litúrgica que segue. Se as leituras proclamam o mistério de Cristo como central, a celebração realiza esse mesmo mistério: "Ambos lembram o mistério de Cristo e o perpetuam cada qual a seu modo". É uma idéia que será desenvolvida por OLM 10.44.

c) A Palavra de Deus na participação litúrgica dos fiéis

6. Na ação litúrgica, a Igreja responde fielmente o mesmo "Amém" que Cristo, mediador entre Deus e os homens, pronunciou, de uma vez para sempre, ao derramar seu sangue, a fim de selar, com a força de Deus, a nova aliança no Espírito Santo.[15]

Quando Deus comunica a sua palavra, sempre espera uma resposta, que consiste em escutar e adorar "em espírito e verdade" (Jo 4,23). O Espírito Santo, com efeito, é quem faz que esta resposta seja eficaz, para que se manifeste na vida o que se escuta na ação litúrgica, segundo aquelas palavras: "Sede por isso executores da palavra, e não apenas ouvintes" (Tg 1,22).

As atitudes corporais, os gestos e palavras com que exprime a ação litúrgica e se manifesta a participação dos fiéis, não

---

[15] Cf. 2Cor 1,20.22.

---

6. A resposta à Palavra

A Palavra de Deus pede uma resposta por parte da comunidade cristã que não pode ser senão "audição", "adoração" e "cumprimento" na vida.

É o nosso "sim", que corresponde ao "sim" que Cristo deu à vontade de seu Pai, e que significa "aderir intimamente à Palavra de Deus em pessoa, Cristo encarnado".

Tudo o mais — gestos, atitudes e palavras — deve ser expressão sacramental desta resposta interior e uma preparação para que depois, na vida, sejamos "realizadores", e não apenas "ouvintes", da palavra e, ao contrário, saibamos "trasladar" ("transferre", algo mais que "refletir") os fatos da vida a nossa celebração.

Mais tarde, em OLM 44-48, se insistirá nesta atitude de escuta e obediência à palavra por parte de toda a comunidade.

I — Princípios Gerais para a Celebração Litúrgica

recebem seu significado unicamente da experiência humana, de onde são tirados, mas também da Palavra de Deus e da economia da salvação, à qual se referem. Por isso, os fiéis tanto mais participam da ação litúrgica, quanto mais se esforçam, ao escutar a Palavra de Deus nela proclamada, por aderir intimamente à Palavra de Deus em pessoa, Cristo encarnado. Assim, procurem que o que fizerem em sua vida se reflita na liturgia.[16]

3. A PALAVRA DE DEUS NA VIDA DO POVO DA "ALIANÇA"

a) A Palavra de Deus na vida da Igreja

7. A Igreja cresce e se constrói ao escutar a Palavra de Deus, e os prodígios que de muitas formas Deus realizou na história da salvação fazem-se presentes, de novo, nos sinais da cele-

---

[16] Cf. CONCÍLIO VATICANO II, Constituição sobre a Sagrada Liturgia, *Sacrosanctum Concilium*, n. 10.

---

7. A palavra edifica a comunidade

A relação entre a Palavra viva de Deus e a comunidade eclesial é descrita aqui em várias direções:

a) antes de tudo é a palavra que "convoca" a comunidade dos crentes, a edifica, a faz crescer, faz dela "o novo povo da Aliança"; idéia que se repetirá em OLM 44-45;

b) a palavra proclamada, sobretudo na celebração litúrgica, é vista sob a ótica de "memorial": não apenas notifica algo passado, mas nos faz olhar também para o futuro em alegre esperança e, sobretudo, é eficaz hoje, porque "os prodígios que de muitas formas Deus realizou na história da salvação fazem-se presentes de novo nos sinais da celebração litúrgica" e a "aliança... chega agora à sua plenitude e perfeição";

bração litúrgica, de um modo misterioso, mas real; Deus, por sua vez, vale-se da comunidade dos fiéis que celebra a liturgia, para que a sua palavra se propague e seja conhecida, e seu nome seja louvado por todas as nações.[17]

Portanto, sempre que a Igreja, congregada pelo Espírito Santo na celebração litúrgica,[18] anuncia e proclama a Palavra de Deus, reconhece-se a si mesma como o novo povo, no qual a aliança antigamente travada chega agora à sua plenitude e perfeição. Todos os cristãos, que pelo batismo e pela confirmação no Espírito Santo se convertem em mensageiros da Palavra de Deus, depois de receberem a graça de escutar a palavra, devem anunciá-la na Igreja e no mundo, ao menos com o testemunho de sua vida.

Esta Palavra de Deus, que é proclamada na celebração dos divinos mistérios, não só se refere às circunstâncias atuais, mas também olha para o passado e penetra o futuro, e nos faz ver quão desejáveis são as coisas que esperamos, para que, no meio das vicissitudes do mundo, nossos corações estejam firmemente postos onde está a verdadeira alegria.[19]

---

[17] Cf. 2Ts 3,1.
[18] Cf. Coletas pela Santa Igreja, in *Missal Romano*, Paulus, pp. 842.843.845, e Vozes, pp. 698.700; São Cipriano, *De oratione dominica* 23, in PL 4,553; CSEL 3/2, 285; CCl 3 A, 105; Santo Agostinho, *Sermão* 71, 20,33, in PL 38, 463s.
[19] Cf. Oração do 21º Domingo do Tempo Comum no *Missal Romano*, Paulus/Vozes, p. 365.

---

c) mas, por sua vez, a comunidade, "evangelizada" por esta palavra, é convidada a que seja "evangelizadora", a que "anuncie e proclame a Palavra de Deus"; a Igreja antes de tudo escuta, mas depois proclama e dá testemunho; todos os cristãos, "ao menos com o testemunho de sua vida", são constituídos "mensageiros da Palavra de Deus... devem anunciá-la na Igreja e no mundo"; por isso se poderá dizer que "Deus vale-se da comunidade de fiéis... para que a sua palavra se propague e seja conhecida" ("currat et clarificetur", continue propagando-se).

b) A Palavra de Deus na explicação que dela faz a Igreja

8. Por vontade de Cristo, o povo de Deus está formado por uma admirável variedade de membros; por esta razão, são também vários os ofícios e as funções que correspondem a cada um, no que se refere à Palavra de Deus. Os fiéis a escutam e a meditam, mas somente a explicam aqueles a quem, pela sagrada ordenação, corresponde a função do ministério, ou aqueles aos quais foi confiado este ministério.

Assim, em sua doutrina, vida e culto, a Igreja perpetua e transmite a todas as gerações tudo o que ela é e tudo o que ela crê, de tal modo que, ao longo dos séculos, vai caminhando continuamente para a plenitude da verdade divina, até que nela mesma se realize completamente a Palavra de Deus.[20]

---

[20] Cf. CONCÍLIO VATICANO II, Constituição Dogmática sobre a Revelação Divina, *Dei Verbum*, n. 8.

---

8. A Igreja, transmissora da palavra

Dentro dessa comunidade cristã que proclama a palavra, há diversos "ofícios e funções": os fiéis "escutam e meditam a palavra", embora se suponha, por tudo o que foi dito antes, que não se contentem com isso, mas a transmitam com seu exemplo, catequese e demais ministérios próprios. E se supõe que os ministros ordenados, além de escutar e meditar, também "explicam" a palavra magisterialmente, embora se deixe aberta a porta para que também outros possam realizar este ministério: "Aqueles aos quais foi confiado" (cf. o novo Código cc. 230.759.766 para os matizes desse encargo).

À parte a excessiva simplificação da "divisão" de tarefas dentro da comunidade, em relação à palavra, o importante é compreender que toda a comunidade cristã "perpetua e transmite" esta palavra e a cumpre em si mesma até a plena realização.

c) Relação necessária entre a Palavra de Deus proclamada e a ação do Espírito Santo

9. Para que a Palavra de Deus realmente produza nos corações aquilo que se escuta com os ouvidos, requer-se a ação do Espírito Santo, por cuja inspiração e ajuda a Palavra de Deus se converte no fundamento da ação litúrgica e em norma e ajuda de toda a vida.

Assim, pois, a atuação do Espírito Santo não só precede, acompanha e segue toda a ação litúrgica, mas também sugere[21] ao coração de cada um tudo aquilo que, na proclamação da Palavra de Deus, foi dito para toda a comunidade dos fiéis; e, ao mesmo tempo que consolida a unidade de todos, fomenta também a diversidade de carismas e a multiplicidade de atuações.

---

[21] Cf. Jo 14,15-17.25-26; 15,26–16,15.

---

9. O Espírito Santo, protagonista

A eficácia salvadora da Palavra de Deus, tanto na celebração quanto na vida, é atribuída continuamente no OLM à atividade protagonizada pelo Espírito Santo. Por ele se torna realidade a história da salvação que a palavra proclama. É ele quem abre o coração de todos para a força salvadora que ela tem (cf. At 6,7; PO 4), trazendo para sua memória o proclamado nas leituras.

Além do que o OLM 9 afirma aqui, ao longo de todo o documento insiste-se na mesma perspectiva: afirma-se que o Espírito inspirou os livros sagrados (OLM 2), que ele atua internamente em cada fiel (OLM 3), que por seu poder a palavra na Liturgia se faz viva e eficaz (OLM 4), que é ele quem dá eficácia à resposta dos fiéis (OLM 6), que é ele quem congrega a Igreja na celebração litúrgica (OLM 7) e faz de todos, pelo dom da Confirmação, mensageiros da palavra (OLM 7), se são dóceis a ele (OLM 12); o diálogo entre os fiéis e Deus se faz com sua ajuda (OLM 28); a palavra, na celebração, se converte por ele no sacramento (OLM 41) e ilumina assim aos fiéis (OLM 47)... Podemos dizer que há uma atitude "epiclética" não apenas na Oração Eucarística, mas também na celebração da palavra.

I — Princípios Gerais para a Celebração Litúrgica 25

d) Íntima relação entre a Palavra de Deus e o mistério eucarístico

10. A Palavra de Deus e o mistério eucarístico foram honrados pela Igreja com a mesma veneração, embora com diferente culto. A Igreja sempre quis e determinou que assim fosse, porque, impelida pelo exemplo de seu Fundador, nunca deixou de celebrar o mistério pascal de Cristo, reunindo-se para ler "todas as passagens da Escritura que a ele se referem" (Lc 24,27) e realizando a obra da salvação, por meio do memorial do Senhor e dos sacramentos. Com efeito, "a pregação da palavra é necessária para o próprio ministério dos sacramentos, visto que são sacramentos de fé, a qual nasce da palavra e dela se alimenta".[22]

---

[22] Concílio Vaticano II, Decreto sobre o Mistério e a Vida dos Presbíteros, *Presbyterorum ordinis*, n. 4.

---

10. A dupla mesa: a palavra e a Eucaristia

Uma das idéias que mais aparece no OLM é a estreita relação que há na Eucaristia entre a primeira parte, a palavra, e a segunda, o Sacramento.

Aqui se afirma que a Igreja honrou "com mesma veneração" a Palavra de Deus e o mistério eucarístico, que proclamou sempre as Escrituras e ao mesmo tempo celebrou a obra da salvação no memorial eucarístico, e que esta é "dupla mesa" para a qual é convidada a comunidade cristã, para o duplo alimento de sua fé. Palavra e sacramento são "um só ato de culto" pelo qual ("quo") "se oferece a Deus o sacrifício de louvor e se realiza plenamente a redenção do homem".

São conceitos que aparecem em outros momentos do documento: quando se refere à "conexão entre Palavra de Deus e ação litúrgica" (OLM 1), ou se afirma que a "celebração litúrgica, que se sustenta e apóia na Palavra de Deus, converte-se em um acontecimento novo e

Espiritualmente alimentada nestas duas mesas,[23] a Igreja, em uma, instrui-se mais, e na outra santifica-se mais plenamente; pois na Palavra de Deus se anuncia a aliança divina, e na Eucaristia se renova esta mesma aliança nova e eterna. Numa, recorda-se a história da salvação com palavras; na outra, a mesma história se expressa por meio dos sinais sacramentais da Liturgia.

---

[23] Cf. CONCÍLIO VATICANO II, Constituição sobre a Sagrada Liturgia, *Sacrosanctum Concilium*, n. 51; Decreto sobre o Ministério e a Vida dos Presbíteros, *Presbyterorum ordinis*, n. 18, e Constituição Dogmática sobre a Revelação Divina, *Dei Verbum*, n. 21; Decreto sobre a Atividade Missionária da Igreja, *Ad gentes*, n. 6. Cf. *Instrução Geral sobre o Missal Romano*, n. 8.

---

enriquece esta palavra com uma nova interpretação e eficácia" (OLM 3), ou que a Palavra de Deus "alcança seu mais pleno significado na ação litúrgica" (OLM 4), que a palavra e a resposta do povo "se unem inseparavelmente com a própria oblação, pela qual Cristo confirmou com o seu sangue a nova aliança" (OLM 44), ou que "a presença de Cristo é uma só, tanto na Palavra de Deus... e especialmente sob as espécies eucarísticas" (OLM 46); esta íntima relação entre a palavra e o sacramento lhe serve também para exigir a pontualidade aos fiéis (OLM 48) e aos leitores para que saibam compreender "a relação entre a liturgia da Palavra e a liturgia eucarística" (OLM 55).

Comparar a palavra ao alimento e, portanto, falar da "dupla mesa" para a qual somos convidados na Eucaristia é também um tema insistente: se fala do "alimento que esta palavra contém" (OLM 38), de que na homilia o sacerdote "alimenta a fé dos presentes na palavra" (OLM 41), de que "pela palavra de Cristo o povo de Deus... se alimenta" (OLM 44). Sobretudo os fiéis são lembrados de que "na missa se prepara a mesa da Palavra de Deus e do corpo de Cristo" (OLM 32).

Não é fácil encontrar uma linguagem que compare com exatidão a eficácia salvadora da palavra com a da Eucaristia. Aqui podem ser encontradas expressões como estas:

I — Princípios Gerais para a Celebração Litúrgica

Portanto, convém recordar sempre que a palavra divina que a Igreja lê e anuncia na Liturgia conduz, como a seu próprio fim, ao sacrifício da aliança e ao banquete da graça, isto é, à Eucaristia. Assim, a celebração da missa, na qual se escuta a palavra e se oferece e se recebe a Eucaristia, constitui um só ato de culto divino,[24] com o qual se oferece a Deus o sacrifício de louvor e se realiza plenamente a redenção do homem.

---

[24] Concílio Vaticano II, Constituição sobre a Sagrada Liturgia, *Sacrosanctum Concilium*, n. 56.

— na palavra "se lê o que se refere a Cristo na Escritura", enquanto na Eucaristia se "exerce a obra da salvação";

— na palavra "progride no conhecimento", e na Eucaristia "em sua santificação";

— na palavra "se proclama a aliança divina", e no sacramento "se renova a mesma aliança";

— na palavra "se evoca a história da salvação", e na Eucaristia "a mesma história é apresentada através dos sinais sacramentais";

— a palavra "lida e anunciada conduz ao sacrifício da aliança e ao banquete da graça como a seu próprio fim"...

Vê-se que há certa tendência a atribuir à primeira parte da celebração apenas o anúncio, o conhecimento, a proclamação, a evocação. E isso não é de todo exato: já na celebração da palavra sucede um acontecimento de salvação, Cristo já está presente (cf. OLM 46), já se realizam de um modo determinado a salvação e a aliança proclamadas. Embora depois a Eucaristia leve à sua plenitude esse encontro salvador, com outra linguagem. Há uma dinâmica mútua de relação entre ambas as partes, que já em sua primeira aproximação, a palavra, tem muito de realidade salvífica.

Como os discípulos de Emaús, celebramos melhor a Eucaristia até "reconhecê-la na fração do Pão", quando nos deixamos antes aquecer pela força da palavra.

PRIMEIRA PARTE
A PALAVRA DE DEUS NA CELEBRAÇÃO DA MISSA

CAPÍTULO II
A CELEBRAÇÃO DA LITURGIA DA PALAVRA NA MISSA

1. ELEMENTOS E RITOS DA LITURGIA DA PALAVRA

11. "As leituras tiradas da Sagrada Escritura, com os cânticos que se intercalam, constituem a parte principal da liturgia da palavra; a homilia, a profissão de fé e a oração universal ou oração dos fiéis a desenvolvem e concluem".[1]

a) As leituras bíblicas

12. Não é permitido que na celebração da missa as leituras bíblicas, juntamente com os cânticos tirados da Sagrada Escritura,

---

[1] *Instrução Geral sobre o Missal Romano*, n. 33. O texto completo da IGMR foi publicado pela Paulus, sob o título *Reunidos em nome de Cristo*.

12.14-16.18. *Pastoral em torno das leituras*

Algumas afirmações interessantes são feitas nestes parágrafos, que querem concretizar o apreço da palavra que foi apresentado nos números anteriores.

a) *Não substituir* as leituras bíblicas por outras (OLM 12). A autêntica palavra salvadora que viemos escutar na celebração litúrgica é a palavra revelada de Deus. É uma norma que tem suas raízes na mais sólida tradição da Igreja e que já tinham lembrado documentos como a Instrução *Liturgicae instaurationes*, de 1970, n. 2, a carta *Dominicae cenae*, de João Paulo II, em 1980, n. 10, e a Instrução *Inaestimabile donum*, da Sagrada Congregação, em 1980, n. 1. Em outro tipo de celebrações, ou ainda em outros momentos da própria Eucaristia (preparação prévia, ou citações na homilia), podem ter seu lugar outras páginas humanas: mas no bloco das leituras apenas devem ser proclamadas as bíblicas.

sejam suprimidas, nem abreviadas nem, coisa ainda mais grave, substituídas por outras leituras não-bíblicas.[2] É por meio da própria Palavra de Deus, transmitida por escrito, que "Deus

---

[2] Cf. SAGRADA CONGREGAÇÃO PARA O CULTO DIVINO, Instrução *Liturgicae instaurationes* de 5 de setembro de 1970, n. 2, in AAS 62 (1970), pp. 695-696; JOÃO PAULO II: Carta *Dominicae cenae*, de 24 de fevereiro de 1980, n. 10, in AAS 72 (1980), pp. 134-137; SAGRADA CONGREGAÇÃO PARA OS SACRAMENTOS E O CULTO DIVINO, Instrução *Inaestimabile donum*, de 3 de abril de 1980, n. 1, in AAS 72 (1980), p. 333.

---

b) A importância *de ler bem* (OLM 14): o ministério da leitura é um elemento que pode ajudar muito — se for bem executado — a que a comunidade acolha de verdade a Palavra de Deus. Aqui se fundamenta a urgência de realizar bem este serviço, o qual voltará a ser tratado em OLM 55, destacando a devida preparação dos leitores. A possibilidade de cantar as leituras depende dessa "índole dos diferentes idiomas", mas também do gênero próprio de cada leitura. Concebe-se mais que se cante um hino, uma página poética, uma passagem festiva e conhecida (a Ressurreição do Senhor, o anúncio do nascimento, as bem-aventuranças), que um relato ou algumas recomendações morais. Mas sempre com a condição de que o canto não "afogue" ("opprimat") o texto, mas o realce.

Por melhor que funcione o microfone, este não substitui a clareza, a expressividade e o vigor que se requer do leitor que proclama a mensagem de Deus. Mesmo lendo bem, não é fácil às vezes entender e acolher o que Deus nos diz. Mas muito menos se o ministério do leitor for mal desempenhado. É ele quem contribui para que uma Palavra escrita em um livro se faça hoje e aqui Palavra viva, dirigida à comunidade.

c) As *monições* (OLM 15) podem ajudar para que as leituras sejam escutadas com uma preparação próxima. É interessante a lista de "condições" aqui colocadas a estas monições para cumprirem bem sua finalidade: breves, apropriadas, simples, fiéis ao texto, breves (pela segunda vez), preparadas minuciosamente ("dilegenter"), adaptadas ao matiz próprio do texto... OLM 57 citará ainda mais adjetivos: oportunas, claras, diáfanas por sua sobriedade, cuidadosamente preparadas, normalmente escritas e aprovadas com anterioridade pelo celebrante.

continua falando a seu povo",[3] e mediante o uso constante da Sagrada Escritura, o povo de Deus se faz mais dócil ao Espírito Santo por meio da luz da fé, e assim pode dar ao mundo, com sua vida e seus costumes, o testemunho de Cristo.

13. A leitura do Evangelho constitui o ponto alto da liturgia da palavra, para o qual a assembléia se prepara com as outras leituras, na ordem indicada, isto é, a partir do Antigo Testamento até chegar ao Novo.

---

[3] Concílio Vaticano II, Constituição sobre a Sagrada Liturgia, *Sacrosanctum Concilium*, n. 33.

Em IGMR 11 se indica que algumas destas monições, dentro da celebração, são próprias do presidente: OLM 42 o lembrará mais tarde, especificando sua finalidade e como pode às vezes se fazer ajudar de outros para realizá-las.

d) *O simbolismo do ambão* (OLM 16): continua sendo válida a linguagem pedagógica da distribuição de lugares ou "pólos" da celebração: altar, cadeira do presidente e ambão da palavra.

Aqui se afirma que a palavra revelada sempre deve ser proclamada do ambão; este deve ser um lugar digno, que simbolize o respeito que de nós merece a Palavra de Deus. Mais tarde se voltará a detalhar outros matizes desta linguagem simbólica: em OLM 26 (lugar da homilia), e especialmente em OLM 32-34, quando trata do lugar da proclamação da Palavra de Deus.

e) *A conclusão das leituras* (OLM 18) pode ser cantada, provocando assim a aclamação da assembléia. É um modo simples de expressar, por parte do leitor e da comunidade, a ação de graças e a veneração com que escutam a palavra. A conclusão aqui nomeada é a "Palavra do Senhor", com um tom mais de afirmação e proclamação. Essa é a aclamação com que são concluídas as leituras anteriores ao Evangelho.

13.17. *A centralidade do Evangelho*

a) É bom que se afirme que *o ponto culminante* de toda a celebração da palavra é *a proclamação do Evangelho* (OLM 13). As demais leituras,

14. O que mais contribui para uma adequada comunicação da Palavra de Deus à assembléia por meio das leituras é a própria maneira de proclamar dos leitores, que devem fazê-lo em voz alta e clara, tendo conhecimento do que lêem. As leituras, tiradas de edições aprovadas,[4] segundo a índole dos diferentes idiomas, podem ser cantadas, mas de tal forma que o canto não obscureça as palavras, mas as esclareça. Se forem feitas em latim, observe-se o indicado no *Ordo cantus missae*.[5]

15. Na liturgia da palavra, antes das leituras, e especialmente antes da primeira, podem-se fazer algumas admoestações breves e oportunas. É preciso levar muito em consideração o gênero literário dessas admoestações. Convém que sejam

---

[4] Cf. a seguir, n. 111.
[5] Cf. *Missal Romano, Ordo cantus missae*, ed. typ. 1972, Introdução, nn. 4.6.10.

---

ou preparam (AT) ou aplicam à vida comunitária (NT) a mensagem definitiva do Evangelho. Não é, como pode parecer, a homilia o ponto culminante da celebração da palavra. Se o próprio presidente tem que ler o Evangelho, deveria dar a entender, em boa voz, que está dando mais importância à palavra de Cristo que às explicações que depois ele vai dirigir à comunidade.

Em OLM 36 se dirá que "o anúncio evangélico é sempre o ponto alto da liturgia da palavra", motivando assim a edição de livros especiais para ele: os Evangeliários. Em OLM 66-68 se valoriza o critério da correspondência das outras leituras para o Evangelho do dia, lido nos domingos comuns na leitura semicontínua.

b) Em OLM 17 se descrevem os *gestos simbólicos* de especial apreço que são feitos tradicionalmente em torno do Evangelho:

— seu leitor *pede a bênção* ao presidente, ou se for o próprio presidente quem proclama, diz a oração *Ó Deus todo-poderoso, purificai-me o coração e os lábios...*; nela, ou na bênção (*O Senhor esteja em teu coração e em teus lábios...*), se aponta para uma condição essencial de

simples, fiéis ao texto, breves, bem preparadas e adaptadas em tudo ao texto, ao qual servem de introdução.[6]

16. Na celebração da missa com o povo, as leituras devem ser feitas sempre do ambão.[7]

17. Entre os ritos da liturgia da palavra é preciso levar em consideração a veneração especial devida à leitura do Evangelho.[8] Quando se dispõe de um Evangelho, que nos ritos de entrada tenha sido levado processionalmente por um diácono ou por um leitor,[9] é conveniente que este mesmo livro seja tirado do altar por um diácono[10] ou, se não houver diácono, por um sacerdote e seja levado para o ambão, acompanhado pelos ministros que levam velas e incenso ou outros sinais de veneração, conforme o costume. Os fiéis estão de pé e veneram o livro dos Evangelhos com suas aclamações ao Senhor. O diácono que vai anunciar o Evangelho, inclinado diante do presidente da assembléia, pede e recebe a bênção. No caso de

---

[6] Cf. *Instrução Geral sobre o Missal Romano*, n. 11.
[7] Cf. ibid., n. 272, e, a seguir, nn. 32-34.
[8] Cf. *Instrução geral sobre o missal Romano*, nn. 35.95.
[9] Cf. ibid., nn. 82-84.
[10] Cf. ibid., nn. 94.131.

---

um bom leitor: o anúncio deve ressoar antes no interior, no coração de quem o proclama;

— organiza-se uma *procissão* com o Evangeliário (cf. OLM 36, que voltará a falar a respeito), tomando-o do altar e levando-o, acompanhado, se quiser, com velas e incenso, ao ambão; cabem outros "sinais de veneração", segundo os costumes do lugar;

— no começo, o leitor faz o *sinal-da-cruz* sobre si mesmo; é um gesto de apropriação (tocar o livro e tocar a si mesmo na fronte, na boca e no peito) que tradicionalmente a comunidade faz também;

— caso se trate de uma celebração mais festiva, também pode *incensar* o livro do Evangelho, antes de proclamá-lo;

não haver diácono, o sacerdote se inclina diante do altar e diz em voz baixa a oração: *Ó Deus todo-poderoso, purificai-me o coração e os lábios*....[11]

No ambão, aquele que proclama o Evangelho saúda os fiéis, que estão de pé, lê o título da leitura, faz o sinal-da-cruz na fronte, na boca e no peito; a seguir, se for utilizado incenso, incensa o livro e, finalmente, lê o Evangelho. Ao terminar, beija o livro, dizendo secretamente as palavras prescritas.

A saudação *Proclamação do Evangelho de Jesus Cristo* e *Palavra da Salvação* ao terminar, é bom que se cantem para que o povo, por sua vez, possa aclamar do mesmo modo, mesmo quando o Evangelho for lido. Dessa forma, exprime-se a importância da leitura evangélica e se promove a fé dos ouvintes.

18. No final das leituras, a conclusão *Palavra do Senhor* pode ser cantada por um cantor, diferente do leitor que proclamou a leitura, e todos dizem a aclamação. Desse modo, a assembléia honra a Palavra de Deus recebida com fé e com espírito de ação de graças.

---

[11] Cf. *Ordinário da Missa*, n. 11, Paulus/Vozes, p. 400.

— no final da leitura *beija o livro*, como sinal de veneração e de fé;

— o leitor do Evangelho pode muito bem *cantar* o título e a conclusão ("Palavra da Salvação), embora o próprio texto o recite sem canto;

— mais adiante, em OLM 50, será lembrado outro gesto simbólico que realça o Evangelho: sua proclamação está reservada aos *ministros ordenados* (diáconos, presbíteros...).

Tudo isso é um conjunto de sinais que querem expressar de um modo visual e plástico que esta palavra evangélica é de um modo particular para nós a própria palavra de Cristo, ponto central de toda a revelação de Deus (cf. também IGMR 132.134.175).

b) O salmo responsorial

19. O salmo responsorial, chamado também gradual, dado que é "uma parte integrante da liturgia da palavra",[12] tem grande importância litúrgica e pastoral. Por isso, é preciso instruir constantemente os fiéis sobre o modo de escutar a Palavra de Deus que nos é transmitida pelos salmos, e sobre o modo de converter este salmo em oração de Igreja. Isso "se realizará mais facilmente quando se promover com diligência, entre o clero, um conhecimento mais profundo dos salmos, segundo o sentido com que se cantam na sagrada liturgia, e quando se fizer que participem disso todos os fiéis com uma catequese oportuna".[13]

---

[12] *Instrução Geral sobre o Missal Romano*, n. 36.

[13] Paulo VI, Constituição Apostólica *Laudis canticum*, na *Liturgia das Horas*, instaurada pelo Decreto do Sacrossanto Concílio Ecumênico Vaticano II e promulgada pela autoridade do papa Paulo VI (Tipografia Poliglota Vaticana, 1971); cf. também Concílio Vaticano II, Constituição sobre a Sagrada Liturgia, *Sacrosanctum Concilium*, nn. 24.90; Sagrada Congregação dos Ritos, Instrução sobre a Música na Sagrada Liturgia, *Musicam Sacram*, de 5 de março de 1967, n. 39, in AAS 59 (1967), p. 311; *Liturgia das Horas, Introdução Geral*, nn. 23.109; Sagrada Congregação para a Educação Católica, *Ratio fundamentalis*, n. 53.

19-22. Um salmo para a interiorização

Aqui se oferece uma reflexão para compreender e realizar bem este importante elemento da celebração da palavra: o salmo responsorial.

a) Afirma-se a "importância litúrgica e pastoral" do salmo, parte integrante da liturgia da palavra. O que antes se chamou "canto interlecional" (cf. ainda IGMR 61) é agora um salmo que pretende fazer eco à leitura anterior, que serve de ressonância poética a sua mensagem, interiorizando-o. O salmo prolonga em tom contemplativo a primeira leitura. Trata-se de "compreender o sentido espiritual do salmo e para meditá-lo profundamente" (OLM 21). É um dos elementos mais antigos da liturgia da palavra e que agora foi recuperado com maior pureza e eficácia.

Também podem ajudar algumas breves admoestações, nas quais se indique o porquê daquele salmo determinado e da resposta, em sua relação com as leituras.

20. O salmo responsorial preferencialmente deve ser cantado. Há duas formas de cantar o salmo depois da primeira leitura: a forma responsorial e a forma direta. Na forma responsorial, que se deve preferir enquanto for possível, o salmista ou o cantor do salmo canta as estrofes do salmo, e toda a assembléia participa cantando a resposta. Na forma direta, o salmo é cantado sem que a assembléia intercale a resposta, e o cantam, ou o salmista ou o cantor do salmo sozinho, e a assembléia escuta, ou então o salmista e os fiéis juntos.

21. O canto do salmo ou da resposta contribui muito para compreender o sentido espiritual do salmo e para meditá-lo profundamente.

---

b) Recorda-se, aqui, a necessidade de iniciar os fiéis na *compreensão dos salmos*: a citação apresentada por este número 19 é de Paulo VI, *Laudis canticum*, e também se cita na nota SC 24.90, MS 39, IGLH 23.109 e a *Ratio fundamentalis* dos Seminários, n. 53.

c) As *monições* podem ajudar também a cantar este salmo a partir de sua necessária conexão com a primeira leitura e a partir das atitudes espirituais próprias da mesma: alegria, louvor, esperança, penitência...

d) O *modo de realizá-lo* deve ser "da maneira mais adequada para a meditação da Palavra de Deus" (OLM 22), ou seja, de um modo que faça com que o salmo cumpra sua finalidade de meditar, interiorizando a mensagem da primeira leitura. O mais normal deveria ser o canto, ao menos da antífona de resposta por parte da comunidade. O canto "contribui muito para compreender o sentido espiritual do salmo e para meditá-lo profundamente" (OLM 21).

Mais adiante (OLM 89) se dirá que entre os cantos da missa "tem especial importância o salmo que segue à primeira leitura", e serão dadas facilidades para utilizar salmos ou antífonas selecionados para as diversas épocas do ano ou para as diversas categorias de santos, "para

II — A Celebração da Liturgia da Palavra na Missa

Em cada cultura deve-se utilizar tudo aquilo que possa favorecer a canto da Assembléia, e especialmente as faculdades previstas no *Elenco das Leituras da Missa*,[14] referentes às respostas para cada tempo litúrgico.

22. O salmo que segue a leitura, se não for cantado, deve ser recitado da maneira mais adequada para a meditação da Palavra de Deus.[15]

O salmo responsorial é cantado ou recitado por um salmista ou por um cantor, estando no ambão.[16]

---

[14] Cf. a seguir, nn. 89-90.
[15] Cf. *Instrução Geral sobre o Missal Romano*, nn. 18.39.
[16] Cf. ibid., n. 272, e, a seguir, nn. 32ss.

---

que o povo possa mais facilmente dizer a resposta salmódica". Embora sempre fosse desejável o salmo próprio do dia e cantado também pelo salmista em suas diversas estrofes.

Destacam-se aqui os *dois modos* deste salmo: o responsorial, no qual o povo responde com uma antífona ao solista, e que "se deve preferir", e o direto, no qual o salmo é cantado ou recitado direto, sem que haja respostas intercalando as estrofes.

A possibilidade de que "o salmista e os fiéis juntos" recitem ou cantem o salmo (OLM 20, no final), deveria ser considerada excepcional: é preferível o solista cantar (ou recitar poeticamente) as estrofes, e a assembléia cantar a antífona ou refrão de resposta. O fato de o povo "escutar" o salmo, seja intercalando suas respostas, seja recitando direto, tem muito sentido.

e) Quem realiza este salmo deve ser *o salmista* (OLM 22), e não o leitor da primeira leitura. Um salmista que deverá estar provido de especiais qualidades (OLM 56). E, além disso, do ambão (OLM 22: já não se acrescenta, como em IGMR 61, "ou de outro lugar oportuno"), porque também o salmo é Palavra de Deus.

c) A aclamação antes da leitura do Evangelho

23. Também o "Aleluia" ou, segundo o tempo litúrgico, a aclamação antes do Evangelho "têm por si mesmos o valor de rito ou de ato",[17] mediante o qual a assembléia dos fiéis recebe e saúda o Senhor que vai falar, e professa a sua fé cantando.

O "Aleluia" e as outras aclamações antes do Evangelho devem ser cantados, estando todos de pé, de modo que todo o povo cante unanimemente, e não somente o cantor que o inicia, ou o coro.[18]

---

[17] Cf. *Instrução Geral sobre o Missal Romano*, n. 39.
[18] Cf. também ibid., nn. 37-39; *Missal Romano, Ordo cantus missae, Praenotanda*, nn. 7-9; *Gradual romano*, 1974, *Praenotanda*, n. 7; *Graduale simplex*, 2. ed. tip. 1975, *Praenotanda*, n. 16.

---

23. *As aclamações do Evangelho*

Completa este número o que antes o documento havia dito sobre a centralidade da leitura evangélica (nn. 13.17) e no número 18 sobre as aclamações *depois* do Evangelho.

A aclamação prévia, que normalmente é o Aleluia, "[tem] por si mesmo o valor de rito ou de ato": com ela se saúda e se mostra a acolhida de fé com a qual a comunidade quer escutar a palavra de Cristo. Canta-se de pé, como se vai escutar o próprio Evangelho.

Desta aclamação fala também IGMR 62-62, assim como o *Ordo cantus missae*, nn. 7-9, o Gradual romano, n. 7, e o *Graduale simplex*, n. 16. Mais tarde se completará com o indicado em OLM 90-91. Esta aclamação antes do Evangelho, seja o Aleluia ou outro louvor a Cristo, é livre, em contraposição ao salmo responsorial, considerado integrante da estrutura na celebração da palavra.

II — A Celebração da Liturgia da Palavra na Missa

d) A homilia

24. A homilia, como parte da liturgia da palavra,[19] que ao longo do ano litúrgico expõe, a partir do texto sagrado, os mistérios da fé e as normas da vida cristã, a partir da Constituição litúrgica do Concílio Vaticano II, muitas vezes e com muito interesse foi recomendada e até prescrita para certas ocasiões. Na celebração da missa, a homilia, que normalmente é feita pelo próprio presidente,[20] tem como finalidade que a Palavra de Deus anunciada, juntamente com a liturgia eucarística, seja como "uma proclamação das maravilhas realizadas por Deus na história da salvação ou mistério de Cristo".[21] Com efeito, o mistério pascal de Cristo, anunciado nas leituras e na homilia, realiza-se por meio do sacrifício da missa.[22] Cristo está sempre e operante na pregação de sua Igreja.[23]

---

[19] Concílio Vaticano II, Constituição sobre a Sagrada Liturgia, *Sacrosanctum Concilium*, n. 52; cf. Sagrada Congregação dos Ritos, Instrução *Inter oecumenici*, de 26 de setembro de 1964, n. 54, in AAS 56 (1964), p. 890.

[20] Cf. *Instrução Geral sobre o Missal Romano*, n. 42.

[21] Concílio Vaticano II, Constituição sobre a Sagrada Liturgia, *Sacrosanctum Concilium*, n. 35,2.

[22] Cf. ibid., nn. 6.47.

[23] Cf. Paulo VI, Encíclica *Mysterium Fidei*, de 3 de setembro de 1965, in AAS 57 (1965), p. 753; Concílio Vaticano II, Decreto sobre a Atividade Missionária da Igreja, *Ad gentes*, n. 9; Paulo VI, Exortação Apostólica *Evangelii nuntiandi*, de 8 de dezembro de 1975, n. 43, in AAS 69 (1976), pp. 33-34.

24-27. A homilia e sua pastoral

Reorganizando as várias reflexões que oferecem estes números (na primeira edição do OLM não se falava da homilia), podemos encontrar um pequeno esquema de homilética.

a) Destaca-se, antes de tudo, *a importância da homilia* na celebração da Palavra, como parte da celebração (*Inter oecumenici*, n. 54).

A homilia "foi com muito interesse recomendada e até prescrita" depois do Concílio. Deve ser feita (e "não pode omitir-se sem causa

Assim, pois, a homilia, quer explique as palavras da Sagrada Escritura que se acaba de ler, quer explique outro texto litúrgico,[24] deve levar a assembléia dos fiéis a uma ativa participação na Eucaristia, a fim de que "vivam sempre de acordo com a fé que professaram".[25] Com essa explicação viva, a Palavra de Deus que se leu e as celebrações que a Igreja realiza podem adquirir maior eficácia, com a condição de que a homilia seja realmente fruto de meditação, devidamente preparada, não muito longa nem muito curta, e que se levem em consideração todos os presentes, inclusive as crianças e o povo, de modo geral as pessoas simples.[26]

Na concelebração, a homilia, ordinariamente, é feita pelo celebrante principal ou por um dos concelebrantes.[27]

25. Nos dias em que ela for prescrita, a saber, nos domingos e festas de preceito, deve-se fazer a homilia em todas as missas que se celebram com assistência do povo, sem excluir as missas que se celebram na tarde do dia precedente.[28] Também

---

[24] Cf. Concílio Vaticano II, Constituição sobre a Sagrada Liturgia, *Sacrosantum Concilium*, 35,2; *Instrução Geral sobre o Missal Romano*, n. 41.
[25] Concílio Vaticano II, Constituição sobre a Sagrada Liturgia, *Sacrosanctum Concilium*, n. 10.
[26] Cf. João Paulo II, Exortação *Catechesi tradendae*, de 16 de outubro de 1979, n. 48, in AAS (1979), p. 1.316.
[27] Cf. *Instrução Geral sobre o Missal Romano*, n. 165.
[28] Cf. ibid., n. 42, e também Sagrada Congregação dos Ritos, Instrução *Eucharisticum mysterium*, de 25 de maio de 1967, n. 28, in AAS 59 (1967), pp. 556-557.

---

grave", como acrescentou o novo Código) nos domingos e festas de preceito (OLM 25). Afirma-o também *Eucharisticum mysterium*, de 1967, n. 28. Igualmente nas missas com grupos particulares (*Actio pastoralis* de 1969, n. 6) e com as crianças (DMC 48). "Recomenda-se muito" nos dias de semana dos tempos fortes do ano litúrgico e em outras celebrações nas quais há maior assistência de fiéis na Igreja.

b) A identidade da homilia pode ser descrita em *três direções*: a palavra, o rito sacramental que lhe segue e a vida da comunidade.

deve haver homilia nas missas celebradas para as crianças ou para grupos particulares.[29] Recomenda-se muito a pregação da homilia nos dias de semana do Advento, da Quaresma e do Tempo Pascal, para o bem dos fiéis que participam regularmente da celebração da missa; e também em outras festas e ocasiões nas quais há maior assistência de fiéis na Igreja.[30]

---

[29] Cf. SAGRADA CONGREGAÇÃO PARA O CULTO DIVINO, Instrução *Actio pastoralis*, de 15 de maio de 1969, n. 6g, in AAS 61 (1969), p. 809; *Diretório para missas com crianças*, de 1º de novembro de 1973, n. 48, in AAS 66 (1974), p. 44.

[30] Cf. *Instrução Geral sobre o Missal Romano*, nn. 42.338; *Rito do Matrimônio*, nn. 22.42.57; *Rito das exéquias*, nn. 41.64.

Antes de tudo, a homilia não é independente: quer *servir à Palavra* que se acaba de proclamar (função exegética ou explicativa). A homilia parte "do texto sagrado", da "Palavra de Deus proclamada", das "palavras da Sagrada Escritura", da "Palavra de Deus que foi lida" (embora também admita que possa aludir a "outros textos litúrgicos"). O primeiro conteúdo da homilia é a "proclamação das maravilhas de Deus na história da salvação ou mistério de Cristo", "o mistério pascal de Cristo, anunciado nas leituras", "os mistérios da fé". Por isso, quem a diz deve conhecer "a estrutura do Elenco das leituras...; compreenda muito bem a relação entre os diversos textos da liturgia da palavra...; faça entender convenientemente o mistério de Cristo e sua obra salvífica" (OLM 39). A finalidade da homilia coincide assim em parte com a do próprio Elenco das leituras em geral: a apresentação e o conhecimento cada vez mais profundo do mistério de Cristo ou da história da salvação, ou seja, do plano salvador de Deus realizado na história e sobretudo em Cristo (cf. também OLM 60.79.97-98). Os pregadores da homilia devem ser, antes de tudo, "arautos da totalidade do mistério de Cristo e do Evangelho" (OLM 63). E este mistério de Cristo está "sempre presente e operante na pregação de sua Igreja" (OLM 24: cf. Paulo VI, *Mysterium fidei* e *Evangelii nuntiandi*).

A homilia deve, além disso, *conduzir a celebração sacramental* que segue (função mistagógica). A história da salvação vai se cumprir de modo denso e privilegiado no rito sacramental. Os prodígios de Deus

26. O sacerdote celebrante profere a homilia na cadeira, de pé ou sentado, ou no ambão.³¹

27. Não pertencem à homilia os breves avisos que se devam fazer à assembléia, pois seu lugar é em seguida à oração depois da comunhão.³²

---

³¹ Cf. *Instrução Geral sobre o Missal Romano*, n. 97.
³² Cf. ibid., n. 139.

---

são proclamados pela "Palavra de Deus... juntamente com a liturgia eucarística" (OLM 24). A Eucaristia realiza de modo eminente o mistério pascal de Cristo anunciado pelas leituras. A homilia deve "levar a assembléia dos fiéis a uma ativa participação na Eucaristia" (OLM 24). É um conceito que se repetirá mais tarde: toda a liturgia da palavra quer conduzir a que "o povo... recolhendo o fruto da liturgia da Palavra, possa passar mais adequadamente para a liturgia eucarística" (OLM 30), e é o presidente quem, especialmente com sua homilia, "conduz os fiéis à liturgia eucarística" (OLM 43).

Finalmente, a homilia tenta *aplicar à vida* a mensagem da palavra proclamada (função profética), "a fim de que vivam sempre de acordo com a fé que professaram" (OLM 24), porque os "mistérios da fé" são ao mesmo tempo "normas de vida cristã". Trata-se de que os fiéis "ouçam, em qualquer parte, em determinados dias e tempos, as mesmas leituras e as meditem, aplicando-as às circunstâncias concretas" (OLM 62), e de que "os pastores queiram dar uma resposta mais apropriada, tirada da Palavra de Deus, às circunstâncias especiais de suas próprias comunidades" (OLM 63).

Encontramos um bom resumo destas grandes direções da homilia em OLM 41: "Compreensão saborosa da Sagrada Escritura", preparação "para uma comunhão fecunda" e convite "a praticar as exigências da vida cristã".

c) Com relação ao *modo de realizar a homilia*, são lembrados alguns detalhes:

— que "normalmente é feita pelo mesmo que preside" (OLM 24.38.41);

e) O silêncio

28. A liturgia da palavra deve ser celebrada de tal maneira que favoreça a meditação; por isso, deve-se evitar a pressa, que impede o recolhimento. O diálogo entre Deus e os homens, que se realiza com a ajuda do Espírito Santo, requer breves momentos de silêncio, adequados à assembléia presente, para que neles a Palavra de Deus seja acolhida interiormente e se prepare uma resposta, por meio da oração. Podem-se guardar estes momentos de silêncio, por exemplo, antes de comentar a liturgia da palavra, depois da primeira e da segunda leitura, e ao terminar a homilia.[33]

---

[33] Cf. ibid., n. 23.

— que é dita "na cadeira", de pé ou sentado: é o lugar mais coerente com a dinâmica da celebração; toda a primeira parte da Eucaristia é presidida pelo sacerdote na cadeira; portanto, como lembra IGMR 310, deve ser fácil a comunicação entre o presidente e a assembléia desse lugar da cadeira; também admite OLM 26 que a homilia possa ser feita do ambão, mas certamente não é tão significativo. É melhor "reservar" o ambão para a Palavra (cf. IGMR 311). OLM 33 dirá que também é melhor reservar o ambão para a Palavra; e a homilia diz que "pode" ser feita do ambão.

— é necessário "separar" da homilia os avisos ("annuntiationes") de outro tipo que tenham que ser dados (OLM 27): seu momento é antes de concluir a celebração.

d) Também são interessantes as *qualidades da homilia* que aqui são enumeradas: "explicação viva", "fruto de meditação", "devidamente preparada", "nem muito longa nem muita curta", e que "se levem em consideração todos os presentes, inclusive as crianças e o povo" (OLM 24).

28. A importância do silêncio

Apenas a partir do silêncio interior e exterior se escuta bem a palavra. Fundamenta-se aqui a importância pedagógica do silêncio, porque toda

f) A profissão de fé

29. O símbolo ou profissão de fé, dentro da missa, quando as rubricas o indicam, tem como finalidade que a assembléia reunida dê seu consentimento e sua resposta à Palavra de Deus ouvida nas leituras e na homilia, e traga à sua memória, antes de começar a celebração do mistério da fé na Eucaristia, a norma de sua fé, segundo a forma aprovada pela Igreja.[34]

---

[34] Cf. ibid., n. 43.

---

a liturgia da palavra deve tender a um clima de medição contemplativa. Trata-se de que cada um saiba acolher interiormente a mensagem que escuta, com docilidade e disponibilidade; mas para isso é necessário um clima de serenidade.

Nomeiam-se os breves momentos de silêncio que deveria haver antes da primeira leitura, depois de cada uma delas, e no final da homilia. Já antes, em OLM 21, se tinha buscado a mesma finalidade meditativa com o canto sereno do salmo. Cf. IGMR 45, sobre o silêncio na celebração eucarística.

29. O Credo

É bem motivado como a resposta da fé ao anúncio da palavra. A alusão a que deve ser "segundo a forma aprovada pela Igreja" pode ser lida também como desautorização para a ocorrência de "criar a própria confissão de fé" neste momento da celebração; o que em outros tipos de reunião catequética pode resultar pedagógico, não tem sentido aqui: confessamos a fé da Igreja, não a nossa, individual ou de grupo.

Naturalmente que não se reduz a esta fórmula do Credo toda a resposta de fé que a palavra pede ao povo cristão: em OLM 44-48 o tema será aprofundado.

g) A oração universal ou oração dos fiéis

30. Na oração universal, a assembléia dos fiéis, iluminada pela Palavra de Deus, à qual de certo modo responde, pede normalmente pelas necessidades da Igreja universal e da comunidade local, pela salvação do mundo, pelos que se encontram em qualquer necessidade e por grupos determinados de pessoas.

Sob a orientação do celebrante, um diácono, um ministro ou alguns fiéis proporão oportunamente algumas breves petições compostas com sábia liberdade, mediante as quais "o povo, exercendo o seu ofício sacerdotal, roga por todos os homens".[35] Dessa forma, recolhendo o fruto da liturgia da palavra, a assembléia poderá passar mais adequadamente para a liturgia eucarística.

---

[35] Cf. ibid., n. 45.

30-31. *A oração universal, conclusão da palavra*

Também esta oração universal pode ser vista como resposta da comunidade à proclamação da palavra: queremos e pedimos que a salvação que Deus nos anuncia chegue a toda a humanidade. Especificam-se bem os conteúdos universais desta oração, assim como sua motivação teológica: o "ofício sacerdotal" que o povo cristão, como comunidade de batizados, exerce neste momento.

IGMR 69, falando desta oração universal, não a havia relacionado tão claramente com a palavra que precedeu e com a celebração sacramental que seguirá, como o faz aqui, em OLM 30, e mais adiante, em OLM 43. Também são mais precisas as recomendações com relação a sua realização: o papel diretivo do presidente (de sua cadeira), a recitação das intenções por um diácono, outro ministro, ou algum fiel (IGMR 99.197 pareciam atribuir este ministério a um leitor; cf. também OLM 53), e a resposta da comunidade (é a verdadeira "oração dos fiéis", mais que a recitação de intenções), que pode ser recitada, cantada (o que seria o ideal) ou também consistir em um momento de silêncio. O canto não aparecia em IGMR 71.

31. O sacerdote preside a oração universal estando na cadeira; e as intenções são enunciadas do ambão.[36]

A assembléia participa da oração de pé, dizendo ou cantando a invocação comum depois de cada intenção, ou então orando em silêncio.[37]

2. COISAS QUE AJUDAM A CELEBRAR DEVIDAMENTE A LITURGIA DA PALAVRA

a) O lugar onde se proclama a Palavra de Deus

32. No recinto da igreja deve existir um lugar elevado, fixo, adequadamente disposto e com a devida nobreza, que ao mesmo tempo corresponda à dignidade da Palavra de Deus e lembre aos

---

[36] Cf. ibid., n. 99.
[37] Cf. ibid., n. 47.

O fato de as intenções desta oração serem ditas do ambão (OLM 31) pertence a essas coisas que "podem ser pronunciadas" (cf. OLM 33), porque esta oração está relacionada com a palavra, como está a homilia. Mas parece que seria muito mais coerente com a pedagogia litúrgica que o ambão fosse reservado para as leituras e o salmo responsorial, ou seja, para a Palavra de Deus (cf. OLM 33 e IGMR 309).

32-34. O lugar da palavra

Já se havia falado antes (OLM 16) do ambão. Aqui se fundamenta o porquê da dignidade simbólica que tem que ser dada a este lugar do qual se proclama a Palavra de Deus à comunidade, e que deve ser ponto de atenção e referência durante toda a primeira parte da celebração. Repete-se a chave das "duas mesas", da palavra e da Eucaristia, e portanto também de seus dois correspondentes pólos de realização, o ambão e o altar (cf. o que foi dito a respeito em OLM 10). Além das recomendações sobre a dignidade deste ambão, seu adorno e harmonia no conjunto, se afirma (OLM 33) que "reserva-se por sua natureza

fiéis que na missa se prepara a mesa da Palavra de Deus e do corpo de Cristo,[38] e que ajude da melhor maneira possível a que os fiéis ouçam bem e estejam atentos durante a liturgia da palavra. Por isso se deve procurar, segundo a estrutura de cada igreja, que haja uma íntima proporção e harmonia entre o ambão e o altar.

33. Convém que o ambão, de acordo com a sua estrutura, seja adornado com sobriedade, ou de maneira permanente ou, ao menos ocasionalmente, nos dias mais solenes.

Dado que o ambão é o lugar de onde os ministros proclamam a Palavra de Deus, reserva-se por sua natureza às leituras, ao salmo responsorial e ao precônio pascal. A homilia e a oração dos fiéis podem ser pronunciadas do ambão, já que estão intimamente ligadas a toda a liturgia da palavra. Mas não é conveniente que subam ao ambão outras pessoas, como o comentarista, o cantor, o dirigente do coro.[39]

---

[38] Cf., antes, nota 23.
[39] Cf. *Instrução Geral sobre o Missal Romano*, n. 272.

às leituras, ao salmo responsorial e ao precônio pascal". O precônio pascal, embora não pertença à palavra revelada, tradicionalmente foi cercado de grande dignidade em sua proclamação, em torno do círio pascal de Cristo. Diz-se também que a homilia e a oração universal "podem ser pronunciadas" do ambão, mas já comentamos antes que não é uma solução tão significativa. O que, sim, acrescenta este número, claramente, é que outras coisas não sejam feitas do ambão: as monições, a direção do canto etc.

Em relação às qualidades que deveria ter este ambão, sugerem-se algumas condições: "lugar elevado, fixo, adequadamente disposto e com a devida nobreza", a "proporção e harmonia entre o ambão e o altar" (OLM 32), que esteja "adornado com sobriedade" (OLM 33), com "suficiente espaço" (OLM 34), "suficiente iluminação" e com os meios técnicos para tornarem possível que se escute bem o que a partir dele se proclama (OLM 34). Naturalmente, não é que o ambão tenha que estar "no recinto da igreja", como diz a tradução, mas simplesmente num espaço ou local da mesma ("in aula"), normalmente no presbitério.

34. Para que o ambão ajude, da melhor maneira possível, nas celebrações, deve ser amplo, porque em algumas ocasiões têm que estar nele vários ministros. Além disso, é preciso procurar que os leitores que estão no ambão tenham suficiente luz para ler o texto e, na medida do possível, bons microfones para que os fiéis possam escutá-los facilmente.

b) Os livros para anunciar a Palavra de Deus nas celebrações

35. Os livros de onde se tiram as leituras da Palavra de Deus, assim como os ministros, as atitudes, os lugares e demais coisas lembram aos fiéis a presença de Deus que fala a seu povo. Portanto, é preciso procurar que os próprios livros,

---

35-37. *A dignidade do livro da palavra*

No conjunto de sinais e gestos que na celebração querem expressar a veneração que sentimos pela palavra, está também a dignidade do livro a partir do qual a proclamamos. É um aspecto que aqui se explica muito mais detidamente que na IGMR.

Seu simbolismo está em que este livro nos recorda a todos "a presença de Deus que fala a seu povo". Por isso deve ser "digno, decoroso e belo".

Concretamente, o OLM 36 fala do *Evangeliário*, do qual se afirma que é "muito conveniente" que se edite à parte, belamente adornado; pode-se levá-lo em procissão até o ambão, a partir do altar, e é também o livro que é entregue solenemente ao diácono e ao bispo em sua ordenação. Em OLM 113 se volta a recomendar esta edição à parte do Evangeliário. Este Evangeliário foi considerado na tradição da Igreja como um verdadeiro "sinal" de Cristo, um símbolo de sua palavra sempre viva e salvadora.

que são sinais e símbolos das realidades do alto na ação litúrgica, sejam verdadeiramente dignos, decorosos e belos.[40]

36. Sendo sempre o anúncio evangélico o ponto alto da liturgia da palavra, as duas tradições litúrgicas, a ocidental e a oriental, mantiveram uma diferença entre o Evangelho e as demais leituras. Com efeito, o livro dos Evangelhos era elaborado com grande cuidado, adornado e venerado mais do que qualquer outro Lecionário. Assim, pois, é muito conveniente que também em nossos dias, nas catedrais, nas paróquias e igrejas maiores e mais concorridas, haja um Evangeliário, formosamente adornado e diferente do livro das demais leituras. Este é o livro entregue ao diácono na sua ordenação, e na ordenação episcopal é colocado e sustentado sobre a cabeça do eleito.[41]

37. Por último, os livros das leituras que se utilizam na celebração, pela dignidade que a Palavra de Deus exige, não devem ser substituídos por outros subsídios pastorais, por exemplo, pelos folhetos que se fazem para que os fiéis preparem as leituras ou as meditem pessoalmente.

---

[40] Cf. Concílio Vaticano II, Constituição sobre a Sagrada Liturgia, *Sacrosanctum Concilium*, n. 122.

[41] Cf. *Rito das Ordenações*, p. 62, n. 24; p. 92, n. 21; pp. 127s, n. 24; p. 108, n. 25; p. 174, n. 25.

A mesma lógica do respeito de sua expressão externa pelos sinais leva à última recomendação: que não se proclamem as leituras servindo-se de alguns papéis ou folhetos. Estes podem servir para a leitura pessoal ou para a preparação do ministério da leitura, mas na celebração não seriam simbólicos do que acontece entre um Deus que dirige sua palavra e o povo que a acolhe com fé (OLM 37).

CAPÍTULO III
OFÍCIOS E MINISTÉRIOS NA CELEBRAÇÃO DA LITURGIA DA PALAVRA DA MISSA

1. FUNÇÕES DO PRESIDENTE NA LITURGIA DA PALAVRA

38. Quem preside a liturgia da palavra, ainda que escute a Palavra de Deus proclamada aos outros, continua sendo sempre o primeiro ao qual se confiou a função de anunciar a Palavra de Deus, compartilhando com os fiéis, sobretudo na homilia, o alimento que esta palavra contém. Embora ele deva cuidar por si mesmo ou por outros que a Palavra de Deus seja proclamada adequadamente, a ele corresponde, ordinariamente, preparar algumas admoestações que ajudem os fiéis a escutar com mais atenção, e principalmente fazer a homilia, para facilitar-lhes uma compreensão mais profunda da Palavra de Deus.

38-43. *O presidente da celebração e a palavra*

Até agora nosso documento nos apresentou as motivações teológicas, litúrgicas e espirituais da celebração da palavra e de sua estrutura na Eucaristia. O capítulo II vai passar a tratar dos vários *ministérios* em torno desta celebração, começando pelo papel que cabe ao presidente dela.

O presidente deve ser *o primeiro ouvinte da palavra:* "compartilha com os fiéis o alimento que esta palavra contém", "escuta ele também a Palavra de Deus anunciada aos outros" (OLM 38). Não é demais lembrar isso, pois o presidente é quem deve dar melhor exemplo de escuta atenta das leituras a toda a comunidade. Depois, quando ele falar, deve fazê-lo também a partir desta atitude de escuta crente.

A esta condição de crente e ouvinte se une nele, por seu ministério, a de *anunciador* oficial da palavra para com seus irmãos: "O primeiro

39. Em primeiro lugar, é necessário que quem deve presidir a celebração conheça perfeitamente a estrutura do *Elenco das Leituras da Missa*, a fim de que possa fazê-las frutificar nos corações dos fiéis; além disso, com oração e estudo compreenda muito bem a relação entre os diversos textos da liturgia da palavra para que, aproveitando o *Ordo Lectionum*, faça entender convenientemente o mistério de Cristo e sua obra salvífica.

40. Quem preside pode usar amplamente as diversas opções propostas no Lecionário no que se refere às leituras, respostas, salmos responsoriais, aclamações antes do Evangelho,[1] mas de comum acordo[2] com todos os interessados, sem excluir os fiéis naquilo que lhes diz respeito.[3]

---

[1] Cf., a seguir, nn. 78-91.
[2] Cf. *Instrução Geral sobre o Missal Romano*, nn. 318-320.324-325.
[3] Cf. ibid., n. 313.

---

ao qual se confiou a função de anunciar a Palavra de Deus" (OLM 38): ministério nobre, mas muito difícil, que exigirá dele uma preparação e uma atitude espiritual especial.

Deverá *conhecer a fundo a palavra* que deve proclamar e explicar a seus irmãos (OLM 39): a estrutura do Lecionário, a conexão entre suas leituras; trata-se de conhecer não apenas a Bíblia e suas leis exegéticas e hermenêuticas, mas também a estruturação do Lecionário, que leva a uma apresentação coerente do mistério total de Cristo ao longo do ano cristão. É a chave de seu ministério como sinal e sacramento de Cristo Mestre, a qual lhe pode dar o tom espiritual e pastoral conveniente para realizá-lo.

A celebração da palavra oferece uma *margem de flexibilidade* pastoral, tendendo sempre a alcançar melhor a finalidade última de sua estru-

III — Ofícios e Ministérios na Celebração

41. O presidente exerce, também, a sua função própria, e o ministério da Palavra de Deus quando pronuncia a homilia.[4] Com efeito, a homilia conduz os irmãos a uma compreensão saborosa da Sagrada Escritura; abre as almas dos fiéis à ação de graças pelas maravilhas de Deus; alimenta a fé dos presentes acerca da palavra que na celebração se converte em sacramento pela intervenção do Espírito Santo; finalmente, prepara os fiéis para uma comunhão fecunda e os convida a praticar as exigências da vida cristã.

---

[4] Cf. ibid., n. 42; SAGRADA CONGREGAÇÃO PARA OS SACRAMENTOS E O CULTO DIVINO, Instrução *Inaestimabile donum*, de 3 de abril de 1980, n. 3, in AAS 72 (1980), p. 334.

---

tura: conectar intimamente a comunidade com a palavra que Deus lhe dirige hoje e aqui. Isso depende muito do presidente, de sua atuação pessoal e da coordenação dos demais ministérios, e para isso podem ser aproveitadas as possibilidades que o próprio Lecionário oferece. E isso deve ser conseguido de comum acordo com todos eles, inclusive com a consulta oportuna ao povo cristão (OLM 40). Mais adiante, o documento assinala as diversas faculdades de escolha de textos, o número de leituras no domingo, as várias possibilidades de seleção em dias feriais ou memórias de santos, as variantes possíveis no salmo ou as aclamações (OLM 78-91). É nestes casos de liberdade quando deve prevalecer o critério pastoral e não o gosto pessoal: "É preciso guiar-se por um critério pastoral" (OLM 80); "será mister atender à utilidade dos que participam" (OLM 81); "o sacerdote que celebra com participação do povo procurará em primeiro lugar o bem espiritual dos fiéis e evitará impor-lhes as próprias preferências" (OLM 83).

Por um lado, está correto que se lembre ao presidente a margem de movimento e criatividade que o próprio livro lhe dá ("não há de ser relutante em aproveitar as diversas possibilidades"), e, por outro, que lhe seja urgente que nas diversas opções saiba trabalhar em equipe ("de comum acordo com todos os interessados": OLM 40).

42. Cabe ao presidente introduzir, ocasionalmente, os fiéis com alguma admoestação à liturgia da palavra, antes da proclamação das leituras.[5] Estas admoestações poderão ser de grande ajuda para que a assembléia escute melhor a Palavra de Deus, já que promovem a fé e a boa vontade. Pode exercer essa função por meio de outras pessoas, por exemplo, o diácono ou um comentarista.[6]

43. O presidente, dirigindo a oração universal e, se for possível, relacionando as leituras daquela celebração e a homilia com a oração, por meio da admoestação inicial e da oração conclusiva, conduz os fiéis à liturgia eucarística.[7]

---

[5] Cf. *Instrução Geral sobre o Missal Romano*, n. 11.
[6] Cf. ibid., n. 68.
[7] Cf. ibid., nn. 33, 47.

A *homilia*, a que já dedicou antes os nn. 24-27, é uma das responsabilidades principais do presidente na liturgia da palavra. É sua "função própria". Aqui — já comentamos antes — se faz como uma descrição muito substanciosa da finalidade deste ministério presidencial para o bem de toda a comunidade (OLM; cf. também o que disse a instrução *Inaestimabile donum*, de 1980, n. 3).

Quanto às *monições*, há algumas mais próprias do presidente: uma delas é a que introduz toda a comunidade na escuta da palavra. Especifica-se bem sua finalidade espiritual, ao mesmo tempo que pode ser ajudado por outros ministros para realizá-la (OLM 42).

Também na *oração universal* o presidente tem um papel central, em sua monição inicial e em sua oração conclusiva. Cf. o que já indicamos, ao falar em OLM 30, do modo como aqui se encaixa este momento da celebração com todo o anterior — a Palavra — e o que vai seguir — o sacramento eucarístico. É próprio do presidente o início e a conclusão: é melhor que as intenções sejam recitadas por outros ministros ou algum fiel (OLM 43).

2. FUNÇÃO DOS FIÉIS NA LITURGIA DA PALAVRA

44. A palavra de Cristo reúne, faz crescer e alimenta o povo de Deus; "isso vale especialmente para a liturgia da palavra na celebração da missa, na qual o anúncio da morte e ressurreição do Senhor e a resposta do povo que escuta se unem inseparavelmente com a própria oblação, pela qual Cristo confirmou com o seu sangue a nova Aliança, oblação de que participam os fiéis com o desejo e com a recepção do sacramento".[8] Com efeito, "não somente quando se lê 'o que se escreveu para nosso ensinamento' (Rm 15,4), mas também quando a Igreja ora, canta ou age, a fé dos assistentes se alimenta e suas almas

---

[8] Cf. CONCÍLIO VATICANO II, Decreto sobre o Ministério e a Vida dos Presbíteros, *Presbyterorum ordinis*, n. 4.

44-48. *Os fiéis na celebração da palavra*

Estes números vão aplicar à comunidade dos fiéis os valores que nos capítulos anteriores se haviam afirmado da palavra e de sua acolhida pela comunidade

Talvez tivesse sido melhor antepor esta seção à do presidente. O que aqui vai se afirmar dos fiéis cristãos, no referente às atitudes básicas da comunidade diante da palavra, é algo que não apenas se pode mas também se deve aplicar a todos, inclusive aos ministros, começando pelo presidente. A assembléia cristã reunida, junto com seus ministros, é o sinal global, primário, da presença de Cristo, e é também a destinatária de toda a dinâmica da palavra. Se não parecia de todo exata a "distribuição" de funções que fazia o OLM 8 (nem são apenas os fiéis os que "escutam e meditam" a palavra, nem são apenas os ministros os que a "anunciam"), tampouco aqui parece feliz a ordenação de parágrafos: o lógico teria sido começar por estas afirmações sobre a comunidade — muito ricas e substanciosas — e continuar pelos ministérios.

se elevam para Deus, a fim de tributar-lhe um culto espiritual e receber a sua graça com maior abundância".⁹

45. Na liturgia da palavra, pela fé com que escuta, também hoje a assembléia dos fiéis recebe de Deus a palavra da aliança, e deve responder a esta palavra com fé, para que se vá convertendo cada vez mais em povo da nova Aliança.

O povo de Deus tem o direito de receber abundantemente o tesouro espiritual da Palavra de Deus, o que se consegue com o uso do *Ordo Lectionum*, com a homilia e com a ação pastoral. Na celebração da missa, os fiéis escutem a Palavra de Deus com tal devoção interior e exterior que cada dia neles aumente a vida espiritual e os introduza cada vez mais no mistério que se celebra.¹⁰

---

⁹ Cf. Concílio Vaticano II, Constituição sobre a Sagrada Liturgia, *Sacrosanctum Concilium*, n. 33.

¹⁰ Cf. *Instrução Geral sobre o Missal Romano*, n. 9.

A primeira idéia aqui desenvolvida já havia aparecido antes, principalmente em OLM 10: que o povo cristão cresce e se alimenta durante toda a celebração de modo global; a Palavra, sua própria resposta, a oração e, de modo mais pleno, a celebração eucarística da oblação de Cristo (OLM 44).

À palavra proclamada, o povo cristão responde com sua *audição acompanhada da fé* (OLM 45): é a atitude interior de acolhida dócil, que OLM 6 já havia ressaltado e que aqui se descreve como a condição indispensável para que a comunidade vá se convertendo "no povo da nova Aliança", e possa "crescer continuamente na vida espiritual e se introduza no mistério que se celebra". É interessante também a afirmação de que "o povo de Deus tem o direito de receber em abundância o tesouro espiritual da Palavra de Deus": certamente o novo Lecionário oferece uma mais variada e abundante "mesa da palavra" para alimento da fé e das atitudes cristãs.

Também aparece de novo a grande motivação teológica e espiritual da celebração cristã: *a presença de Cristo* nessa Palavra proclamada,

46. Para que possam celebrar vivamente o memorial do Senhor, lembrem-se os fiéis de que a presença de Cristo é uma só, tanto na Palavra de Deus, "pois quando se lê na Igreja a Sagrada Escritura, é ele quem fala", como " especialmente sob as espécies eucarísticas".[11]

47. A Palavra de Deus, para que seja acolhida e traduzida na vida dos fiéis, exige uma fé viva,[12] que cresce continuamente ao escutar a Palavra de Deus proclamada.

---

[11] Concílio Vaticano II, Constituição sobre a Sagrada Liturgia, *Sacrosanctum Concilium*, n. 7.
[12] Cf. Concílio Vaticano II, Constituição sobre a Sagrada Liturgia, *Sacrosanctum Concilium*, n. 9.

---

paralela à presença do próprio Senhor na Eucaristia (OLM 46). É a mesma realidade que já havia aparecido em OLM 4, agora vista a partir da perspectiva da comunidade, convencida dessa presença ativa de Cristo.

OLM 47 insiste na *atitude de fé viva,* por parte do povo cristão, em sua escuta da palavra. A partir dessa chave, a palavra é na verdade eficaz; é "fonte de vida e de força", "força de salvação", "vigor e renovação", "ilumina os fiéis", "os arrasta a viver em sua totalidade o mistério do Senhor", "move todo o interior do homem à conversão e a uma vida de fé, pessoal e comunitária", é o "alimento da vida cristã"... É forte a ênfase nesta eficácia da Palavra, que já em parágrafos anteriores aparecia como o fator determinante de que o povo se reúna, cresça e se alimente (OLM 44), que lhe faz crescer continuamente (OLM 45)...

Uma conseqüência destes valores *dentro da celebração* deve ser, antes de tudo, o respeito à primeira parte da Eucaristia (por exemplo, expressa na pontualidade) e a participação plena com a escuta, a oração e o canto, para sintonizar profundamente com a Palavra de Deus.

E outra que deve se notar *fora da celebração*: a verdadeira e última resposta de fé ao Deus que nos fala se deve ver fora, na vida, uma resposta ativa, cheia de fé, esperança e caridade, e que leve à auto-oferenda de si mesmos, existencial. É o binômio de são Tiago: não apenas ouvintes, mas cumpridores da palavra (OLM 48).

Com efeito, as Sagradas Escrituras são, sobretudo na proclamação litúrgica, uma fonte de vida e de força, segundo o que diz são Paulo, quando afirma que o Evangelho é uma força de salvação para todo o que crê,[13] por isso, o amor às Escrituras contribui para o vigor e a renovação de todo o povo de Deus.[14] Portanto, é muito conveniente que todos os fiéis estejam sempre dispostos a escutar com alegria a Palavra de Deus.[15] A Palavra de Deus, quando é anunciada pela Igreja e levada à prática, ilumina os fiéis pela atuação do Espírito Santo, e os impele a viver na totalidade o mistério do Senhor.[16] A Palavra de Deus, recebida com fé, move o homem, do fundo do seu coração, à conversão e a uma vida resplandecente de fé pessoal e comunitária,[17] visto que a Palavra de Deus é o alimento da vida cristã e a fonte de toda a oração da Igreja.[18]

48. A íntima relação entre a liturgia da palavra e a liturgia eucarística na missa conduzirá os fiéis a estarem presentes, já desde o princípio,[19] e a participarem atentamente. Enquanto possível, eles se prepararão para escutar a Palavra de Deus, adquirido de antemão um profundo conhecimento das Sagradas Escrituras. Além disso, terão o desejo de alcançar a compreensão litúrgica dos textos que se lêem e a vontade de responder por meio do canto.[20] Dessa forma, por meio da Palavra de Deus escutada e meditada, os fiéis podem dar uma

---

[13] Cf. Rm 1,16.

[14] Cf. Concílio Vaticano II, Constituição Dogmática sobre a Revelação Divina, *Dei Verbum*, n. 21.

[15] Cit. in Concílio Vaticano II, Constituição Dogmática sobre a Revelação Divina, *Dei Verbum*, n. 21.

[16] Cf. Jo 14,15-26; 16,4.5-15.

[17] Cf. Concílio Vaticano II, Decreto sobre a Atividade Missionária da Igreja, *Ad gentes*, nn. 6.15; e também Constituição sobre a Revelação Divina, *Dei Verbum*, n. 26.

[18] Concílio Vaticano II, Constituição sobre a Sagrada Liturgia, *Sacrosanctum Concilium*, n. 24. e também Sagrada Congregação para o Clero, *Directorium catechisticum generale*, de 11 de abril de 1971, n. 25, in AAS 64 (1972), p. 114.

[19] Cf. Concílio Vaticano II, Constituição sobre a Sagrada Liturgia, *Sacrosanctum Concilium*, n. 56; e também Sagrada Congregação para os Sacramentos e o Culto Divino, Instrução *Inaestimabile donum*, de 3 de abril de 1980, n. 1, in AAS 72 (1980), pp. 333-334.

[20] Cf. Concílio Vaticano II, Constituição sobre a Sagrada Liturgia, *Sacrosanctum Concilium*, nn. 24.35.

III — Ofícios e Ministérios na Celebração   61

resposta cheia de fé, esperança e amor, de oração e entrega de si mesmos, não somente durante a celebração da missa, mas também em toda a vida cristã.

3. MINISTÉRIOS NA LITURGIA DA PALAVRA

49. A tradição litúrgica assinala a função de proclamar as leituras bíblicas, na celebração da missa, a ministros: leitores e diácono. Mas se não houver diácono nem outro sacerdote, o celebrante deve ler o Evangelho,[21] e, no caso em que não haja leitor,[22] todas as demais leituras.

---

[21] Cf. *Instrução Geral sobre o Missal Romano*, n. 34.
[22] Cf. ibid., n. 96.

49-57. Outros ministérios em torno da palavra

Além do ministério da presidência, que se havia adiantado às atitudes de toda a assembléia, aqui se enumeram e se descrevem outros ministérios que têm a intenção de ajudar a comunidade a celebrar melhor a Palavra de Deus.

O principal é o *leitor* (OLM 49-55); dele se fazem várias afirmações interessantes:

a) O *diácono* tem a função própria de proclamar o Evangelho, além das intenções da oração universal, e, em determinadas circunstâncias, também a homilia (OLM 50; cf. também *Inaestimabile donum*, de 1980, n. 3).

b) as outras leituras ficam destinadas ao *leitor*, e é útil lembrar, como faz OLM 51, citando IGMR 99, que é um ministério que ele deve exercer, mesmo quando houver outros ministros de grau superior. O fato de o sacerdote que preside fazer as leituras apenas tem sentido em plano de substituição, o qual não deve ser considerado ideal.

50. Na liturgia da palavra da missa, cabe ao diácono anunciar o Evangelho, fazer de vez em quando a homilia, se parecer conveniente, e propor ao povo as intenções da oração universal.[23]

51. "Na celebração eucarística o leitor tem um ministério próprio, reservado a ele, ainda que haja outro ministro de grau superior".[24] É preciso dar a devida importância ao ministério do leitor, conferido por ato litúrgico. Os que foram instituídos como leitores, se os houver, devem exercer sua função própria, pelo menos nos domingos e festas, durante a missa principal. Além disso, pode-se confiar a eles o encargo de ajudar na organização da liturgia da palavra e de cuidar, se for necessário, da preparação de outros fiéis que, por designação temporânea, devem fazer as leituras na celebração da missa.[25]

---

[23] Cf. ibid., nn. 47.61.132; SAGRADA CONGREGAÇÃO PARA OS SACRAMENTOS E O CULTO DIVINO, Instrução *Inaestimabile donum*, de 3 de abril de 1980, n. 3, in AAS 72 (1980), p. 334.

[24] *Instrução Geral sobre o Missal Romano*, n. 66.

[25] Cf. PAULO VI, Carta Apostólica *Ministeria quaedam*, de 15 de agosto de 1972, n. V, in AAS 64 (1972), p. 532.

---

c) Faz-se a distinção entre o *leitor instituído* estavelmente em seu ministério, e o que realiza o ministério *por encargo temporal*, embora às vezes este encargo seja duradouro, por falta de leitores instituídos (OLM 51). As palavras com as quais alguém fica *instituído* como leitor estável e oficial na Igreja, segundo seu rito próprio (a partir da carta *Ministeria quaedam*, de Paulo VI, em 1972), falam não apenas da proclamação das leituras na celebração comunitária, mas também de outros aspectos da pastoral em torno da palavra, tais como a catequese, a evangelização e a formação de uma equipe de outros leitores a serviço da comunidade.

d) Porque certamente serão necessários em cada comunidade os *leitores preparados*, embora não estejam instituídos como tais (OLM 52): se lembra que sejam idôneos, preparados para exercer este ministério, que é muito importante para que a comunidade possa acolher bem a palavra proclamada (cf. também *Inaestimabile donum*, 1980, nn. 2.18; DMN 22.24.27). É bom que se indique também o que é melhor para a

III — Ofícios e Ministérios na Celebração

52. A assembléia litúrgica precisa ter leitores, ainda que não tenham sido instituídos para esta função. Por isso, é preciso procurar que haja alguns leigos, os mais aptos, que estejam preparados para desempenhar este ministério.²⁶ Se houver vários leitores e várias leituras a serem feitas, convém distribuí-las entre eles.

53. Se não houver diácono na missa, a função de propor as intenções da oração universal caberá a um cantor, especialmente quando estas intenções forem cantadas, ou a um leitor, ou a outra pessoa.²⁷

---

[26] Cf. SAGRADA CONGREGAÇÃO PARA OS SACRAMENTOS E O CULTO DIVINO, Instrução *Inaestimabile donum*, de 3 de abril de 1980, nn. 2.18, in AAS 72 (1980), p. 334; cf. também SAGRADA CONGREGAÇÃO PARA O CULTO DIVINO, *Diretório para Missas com Criança*, de 1º de novembro de 1973, nn. 22.24.27, in AAS 6 (1974), p. 43.

[27] Cf. *Instrução Geral sobre o Missal Romano*, nn. 47.66.151; cf. também CONSELHO PARA EXECUÇÃO DA CONSTITUIÇÃO SOBRE A SAGRADA LITURGIA, *De oratione communi seu fidelium* (Cidade do Vaticano, 1966), n. 8.

---

imagem da comunidade cristã, que se distribuam entre diversos leitores os vários ministérios que lhes possam ser confiados, sem acumulá-los desnecessariamente em apenas um: as leituras, a recitação das intenções da oração universal por falta de diácono (OLM 53).

e) Quando se trata de ministros ordenados (presbítero e diácono) ou instituídos (o leitor), afirma-se (OLM 54) que devem "usar as vestimentas sagradas próprias de seu ofício" nas celebrações litúrgicas. Os outros — os leitores não instituídos — vão com a vestimenta comum.

f) Mas o principal que aqui se afirma, a respeito dos leitores e seu ministério, é *a preparação* que necessitam para realizá-lo, para que "os fiéis cheguem a adquirir uma estima viva da Sagrada Escritura pela audição das leituras divinas" (OLM 55). A preparação dos leitores deve ser, antes de tudo, *espiritual*: com uma formação ("institutio", algo mais que instrução) bíblica, que, antes de tudo, permita a eles mesmos "compreender as leituras em seu contexto próprio e entender à luz da fé o núcleo central da mensagem revelada"; e uma formação também litúrgica, com "certa percepção do sentido e da estrutura da liturgia da palavra e a relação entre a liturgia da palavra e a liturgia eucarística".

54. O sacerdote diverso daquele que preside, o diácono e o leitor instituído, quando sobem ao ambão para ler a Palavra de Deus na missa, devem usar as vestimentas sagradas próprias de seu ofício. Porém os que ocasionalmente, e mesmo ordinariamente, desempenham o ofício de leitor podem subir ao ambão com sua roupa normal, mas respeitando os costumes das diversas regiões.

55. "Para que os fiéis cheguem a adquirir uma estima viva da Sagrada Escritura pela audição das leituras divinas, é necessário que os leitores que desempenham este ministério, embora não tenham sido oficialmente instituídos nele, sejam realmente aptos e estejam cuidadosamente preparados".[28]

Essa preparação deve ser em primeiro lugar espiritual, mas é necessária também a preparação técnica. A preparação es-

---

[28] *Instrução Geral sobre o Missal Romano*, n. 66.

Além disso, a preparação deve ser *técnica*: para proclamar as leituras em público, requer-se uma arte especial de dicção e de emprego dos meios técnicos para a emissão e a amplificação da voz. Já em OLM 14 se dizia que um leitor deve ler em voz alta e clara, com conhecimento do que lê, e mais tarde pedirá qualidades parecidas ao salmista (OLM 56). Um leitor exercerá certamente melhor seu ministério se for consciente da importância deste último: através dele é o próprio Deus quem dirige sua palavra a uma comunidade de crentes. O leitor deverá ser o primeiro ouvinte do que proclama, a partir de sua atitude interior, e além disso deve exercer seu serviço com os melhores dotes de dicção, ritmo, expressividade e postura exterior.

Outro ministro aqui nomeado e ao que lhe pedem qualidade é *o salmista* (OLM 56). Já em OLM 19-22 se havia fundamentado a importância do salmo responsorial e os vários modos de sua realização. Aqui se pede que o salmista, cuja função própria é proclamar este salmo, esteja "dotado da arte de salmodiar" e que tenha "facilidade na pronunciação e na dicção". Se para qualquer leitura se necessita uma preparação espiritual e técnica, talvez se requeira mais ainda para este salmo, pois é um texto poético que tem suas exigências como tal (cf. também IGMR 102).

piritual supõe pelo menos dupla instrução: bíblica e litúrgica. A instrução bíblica deve encaminhar-se no sentido de que os leitores possam compreender as leituras em seu contexto próprio e entender à luz da fé o núcleo central da mensagem revelada. A instrução litúrgica deve facilitar aos leitores certa percepção do sentido e da estrutura da liturgia da palavra e a relação entre a liturgia da palavra e a liturgia eucarística. A preparação técnica deve capacitar os leitores para que se tornem sempre mais aptos na arte de ler diante do povo, seja de viva voz, seja com a ajuda de instrumentos modernos para a aplicação da voz.

56. Cabe ao salmista, ou cantor do salmo, cantar de forma responsorial ou direta o salmo ou outro cântico bíblico, o gradual e o "Aleluia", ou outro cântico interlecional. Ele mesmo pode iniciar o "Aleluia" e o versículo, se parecer conveniente.[29]

Para exercer esta função de salmista, é muito conveniente que em cada comunidade eclesial haja leigos dotados da arte de salmodiar e de uma boa pronúncia e dicção. O que se disse anteriormente sobre a formação dos leitores também se aplica aos salmistas.

57. Também o comentador exerce um verdadeiro ministério litúrgico quando, de um lugar adequado, propõe à comunidade dos fiéis explicações e admoestações oportunas, claras, sóbrias, cuidadosamente preparadas, normalmente escritas e antecipadamente aprovadas pelo celebrante.[30]

---

[29] Cf. ibid., nn. 37a.67.
[30] Cf. ibid., n. 68.

Finalmente, nomeia-se o *comentarista* (OLM 57). Confira o que já dissemos em OLM 15 sobre as qualidades destas monições para que na verdade cumpram sua função de ajudar pedagogicamente a comunidade a escutar as leituras com a devida atitude interior. O "lugar adequado" para este ministério não é, certamente, o ambão (como já OLM 33 desaconselhava), mas sim outro lugar que, sendo visível, não tire a importância simbólica nem do ambão da palavra nem da centralidade do presidente.

SEGUNDA PARTE
ESTRUTURA DO ELENCO DAS LEITURAS DA MISSA

CAPÍTULO IV
DISTRIBUIÇÃO GERAL DAS LEITURAS DA MISSA

1. FINALIDADE PASTORAL DO ELENCO DAS LEITURAS DA MISSA

58. O *Elenco das Leituras da Missa*, tal como se encontra no Lecionário do Missal Romano, foi realizado, em primeiro lugar, para obter um fim pastoral, seguindo o espírito do Concílio Vaticano II. Para conseguir esse fim, não só os princípios em que se baseia o novo Ordo, mas também a escolha dos próprios textos que se colocam a seguir foram revistos e elaborados várias vezes, com a cooperação de muitas pessoas de todo o mundo, versadas em matérias exegéticas, litúrgicas, catequéticas e pastorais. O *Elenco das Leituras da Missa* é o resultado desse trabalho comum.

---

58. Um Lecionário com preocupação pastoral

Todas as considerações dos três primeiros capítulos estavam já motivadas por um critério pastoral: a celebração autêntica da Palavra de Deus pela comunidade cristã.

O mesmo critério se invoca continuamente nos capítulos seguintes, quando se descrevem os motivos da seleção de leituras, de sua distribuição nos diferentes tempos e festas, e seu correto uso pastoral por parte dos celebrantes.

Trata-se, sempre, de que a organização das leituras "seja eficaz para alcançar a finalidade exposta várias vezes pelo Concílio Vaticano II", que não é outra coisa que o crescimento na vida cristã.

Escutando os textos mais importantes nos domingos e festas, e nos dias da semana "outra série de textos da Sagrada Escritura, que de certa forma completam o anúncio de salvação" (OLM 65), a comunidade cristã acolhe com seriedade a Palavra de Deus, para ser assimilada na celebração e na vida.

Esperamos que uma contínua leitura e explicação da Sagrada Escritura ao povo cristão na celebração eucarística, segundo este *Elenco das Leituras da Missa*, seja muito eficaz para alcançar a finalidade exposta várias vezes pelo Concílio Vaticano II.[1]

59. Nessa reforma pareceu conveniente elaborar um só *Elenco das Leituras da Missa*, rico e abundante quanto possível, de acordo com a vontade e as normas do Concílio Vaticano II,[2] mas que, ao mesmo tempo, por sua forma se acomodasse aos determinados costumes e exigências das Igrejas particulares e das assembléias celebrantes. Por essa razão, os encarregados

---

[1] Cf. por exemplo PAULO VI, Constituição Apostólica *Missale Romanum*: "Tudo isso foi assim ordenado para aumentar cada vez mais nos fiéis 'a fome da Palavra de Deus' que, sob a direção do Espírito Santo, deve levar o povo da nova Aliança à perfeita unidade da Igreja. Por estas determinações esperamos que tanto os sacerdotes como os fiéis venham a se preparar mais santamente para a Ceia do Senhor e ao mesmo tempo, meditando de maneira mais profunda as Sagradas Escrituras, se alimentem sempre mais com as palavras do Senhor. Assim, conforme as exortações do Vaticano II, as Sagradas Escrituras se tornarão para todos uma fonte perene de vida espiritual, o meio precípuo para a transmissão da doutrina cristã e, por fim, como que a medula de toda a formação teológica". No *Missal Romano*, Paulus/Vozes, p. 20.

[2] Cf. CONCÍLIO VATICANO II, Constituição sobre a Sagrada Liturgia, *Sacrosanctum Concilium*, nn. 35.51.

59.62. *Um só Lecionário, mas flexível*

Em teoria caberia oferecer vários Lecionários diferentes. A história das várias famílias litúrgicas dava abundante riqueza de concepções na organização das leituras bíblicas ao longo do ano. A liturgia hispânica, por exemplo, tem uma distribuição diferente, e também muito acertada, dos livros bíblicos.

Preferiu-se que haja um só Lecionário para toda a Igreja, no qual convirjam as lições que a história e a experiência nos ensinaram. Uma das vantagens mais evidentes é a que destaca o número 62: todas as comunidades celebrantes seguirão as mesmas leituras, com o correspondente valor de intercâmbio para os cristãos que trocam de lugar.

Este Lecionário oferece uma margem notável de flexibilidade e maleabilidade. A adaptação às próprias circunstâncias, que será especificada mais tarde, é também um critério pastoral a levar em consideração.

IV — Distribuição Geral das Leituras da Missa 71

de elaborar essa reforma se preocuparam em salvaguardar a tradição litúrgica do rito romano, sem detrimento de uma grande estima pelo valor de todas as formas de seleção, distribuição e uso das leituras bíblicas nas demais famílias litúrgicas e em algumas Igrejas particulares, valendo-se daquilo que já havia sido comprovado por experiência e procurando ao mesmo tempo evitar alguns defeitos existentes na tradição precedente.

60. Portanto, o presente *Elenco das Leituras da Missa* é uma distribuição das leituras bíblicas que possibilita aos cristãos o conhecimento de toda a Palavra de Deus, conforme uma adequada explicação. Durante todo o ano litúrgico, mas sobretudo no tempo da Páscoa, da Quaresma e do Advento, a escolha e distribuição das leituras tende a que, de maneira gradual, os cristãos conheçam mais profundamente a fé que professam e a história da salvação.[3] Por isso, o *Elenco das Leituras da Missa* corresponde às necessidades e desejos do povo cristão.

61. Ainda que a ação litúrgica por si mesma não seja uma forma de catequese, inclui, não obstante, um caráter didático

---

[3] Cf. PAULO VI, Constituição Apostólica *Missale romanum*: "Desta forma aparece mais claramente o desenvolvimento do mistério da salvação, a partir das palavras reveladas", in *Missal Romano*, Paulus/Vozes, p. 20.

Ao falar das celebrações dominicais sem presbítero, no final do número 62, além da convocação conciliar, traz também a da introdução *Inter oecumenici*, de 1964, em seus números 37-38.

60-61. *O Lecionário e a história da salvação*

A finalidade deste único Lecionário para a Igreja é que a comunidade vá conhecendo em profundidade a história da salvação, as atuações salvíficas de Deus tal como nos são apresentadas nos livros tanto do Antigo quanto do Novo Testamento. Como diz Paulo VI em sua Constituição Apostólica *Missale romanum*, "desta forma aparece mais claramente o desenvolvimento do mistério da salvação, a partir das palavras reveladas".

que se exprime também no Lecionário do Missal Romano,[4] de maneira que com razão pode ser considerada como um instrumento pedagógico para estímulo da catequese.

Com efeito, o *Elenco das Leituras da Missa* oferece os fatos e palavras principais da história da salvação, tomando-os da Sagrada Escritura, de tal modo que esta história da salvação, que a liturgia da palavra vai recordando passo a passo, em seus diversos momentos e eventos, aparece diante dos fiéis como algo que tem uma continuidade atual, ao se fazer presente de novo o mistério pascal de Cristo, celebrado pela Eucaristia.

62. Outra razão pela qual se compreende também a conveniência e a utilidade pastoral de um só *Elenco das Leituras* do Lecionário da missa no rito romano é o fato de que todos os fiéis, principalmente aqueles que por diversos motivos nem sempre participam da mesma assembléia, ouçam em qualquer parte, em determinados dias e tempos, as mesmas leituras e as meditem

---

[4] Cf. Concílio Vaticano II, Constituição sobre a Sagrada Liturgia, *Sacrosanctum Concilium*, n. 9,33; Sagrada Congregação dos Ritos, Instrução *Inter oecumenici*, 26 de setembro de 1964, n. 7, in AAS 56 (1964), p. 878; João Paulo II, Exortação Apostólica *Catechesi tradentae*, de 16 de outubro de 1979, n. 23, in AAS 71 (1979), pp. 1296-1299.

Já OLM 5 nos havia informado da importância do AT para este conhecimento da Palavra de Deus e de seu plano de salvação. Aqui se quis acrescentar — tanto o número 60 quanto o 61 são novos — uma espécie de definição do que é este Lecionário: que os cristãos "conheçam mais profundamente a fé que professam e a história da salvação", "de modo que esta história da salvação... apareça diante dos fiéis como algo que tem uma continuidade atual, ao se fazer presente de novo o mistério pascal de Cristo, celebrado pela eucaristia".

No número 60 não é de todo exata a tradução que fala do "conhecimento de toda a Palavra de Deus conforme uma adequada explicação". Esta "adequada explicação" corresponde ao latino "iuxta congruentem enodationem", que aponta não tanto à "explicação", que parece indicar a homilia, mas ao desenvolvimento, à distribuição, à aplicação dos livros bíblicos ao longo do ano.

aplicando-as às circunstâncias concretas, inclusive naqueles lugares em que, por falta de sacerdote, um diácono ou outra pessoa delegada pelo bispo dirige a celebração da Palavra de Deus.[5]

63. Os pastores que quiserem dar uma resposta mais apropriada, tirada da Palavra de Deus, às circunstâncias especiais de suas próprias comunidades, sem esquecer que eles devem ser antes de mais nada arautos da totalidade do mistério de Cristo e do Evangelho, podem usar, segundo a conveniência, as possibilidades que o mesmo *Elenco das Leituras da Missa* oferece, sobretudo por ocasião da celebração de alguma missa ritual, votiva, ou em honra dos santos ou para diversas circunstâncias. Levando em consideração as normas gerais, concedem-se faculdades particulares quanto às leituras da

---

[5] Cf. Concílio Vaticano II, Constituição sobre a Sagrada Liturgia, *Sacrosanctum Concilium*, n. 35,4; Sagrada Congregação dos Ritos, Instrução *Inter oecumenici*, 26 de setembro de 1964, nn. 37-38, in AAS 56 (1964), p. 884.

O Lecionário oferecido pela Igreja, domingo após domingo, ou dia após dia, aos cristãos, ou seja, este OLM, é o melhor "catecismo" aberto, que continuamente alimenta e ajuda a aprofundar a fé. O número 61 apóia esta convicção com a citação do Concílio e também com a instrução *Inter oecumenici*, n. 7, e a exortação de João Paulo II *Catechesi tradentae*, de 1979, n. 23. O OLM nos ajuda a proclamar e a celebrar com a linguagem da liturgia toda a história da salvação.

63. Flexibilidade de adaptação

O fato de o OLM nos oferecer as linhas da história da salvação não quer dizer que não nos ajude a celebrar com atualidade e adaptação a história presente, com seus "problemas" concretos ("quaestionibus"). Mais adiante, em OLM 78-91, vão ser especificadas as adaptações possíveis. Para o caso dos "grupos particulares" citados no final, apresenta-se o *Diretório para as missas com crianças*, de 1973, DMC 41-47, a Instrução *Actio pastoralis*, de 1969, sobre grupos particulares, n. 6, e a Exortação de Paulo VI *Marialis cultus*, de 1974, n. 12.

Palavra de Deus nas celebrações da missa para grupos particulares.[6]

2. PRINCÍPIOS NA ELABORAÇÃO DO *ELENCO DAS LEITURAS DA MISSA*

64. Para alcançar a finalidade própria do *Elenco das Leituras da Missa*, a escolha e distribuição das perícopes foram feitas levando-se em consideração a sucessão dos tempos litúrgicos e também os princípios hermenêuticos que os estudos exegéticos de nosso tempo permitiram descobrir e definir.

Por isso, apareceu conveniente expor aqui os princípios observados na elaboração do *Elenco das Leituras da Missa*.

a) Seleção de textos

65. A sucessão de leituras do "próprio do tempo" foi disposta da seguinte maneira: nos domingos e festas propõem-se os textos mais importantes, para que, num conveniente espaço de tempo, possam ser lidas diante da assembléia dos fiéis as

---

[6] Cf. Sagrada Congregação para o Culto Divino, Instrução *Actio pastoralis*, de 15 de maio de 1969, n. 6, in AAS 61 (1969), p. 809; *Diretório para Missa com Crianças*, de 1º de novembro de 1973, nn. 41-47, in AAS 66 (1974), p. 43; Paulo VI, Exortação Apostólica *Marialis cultus*, de 2 de fevereiro de 1974, n. 12, in AAS 66 (1974), pp. 125-126.

---

64. Primeiro se descrevem os critérios seguidos para a *elaboração* do Lecionário, para passar depois (OLM 78ss) aos que deverão ser levados em conta para seu *uso*.

65-66. *Ciclo de leituras para domingos*

Os textos "importantes" para a fé do povo cristão são os que foram reservados para os domingos e festas. Para os dias de semana se proclamam aqueles que podem ser chamados "complementares". Ambos os ciclos, o trienal dos domingos e o bienal dos dias de semana, são

partes mais relevantes da Palavra de Deus. A outra série de texto da Sagrada Escritura, que de certa forma completam o anúncio de salvação desenvolvido nos dias festivos, assinala-se para os dias de semana. No entanto, nenhuma das duas séries dessas partes principais do *Elenco das Leituras da Missa*, isto é, a dominical-festiva e a série dos dias de semana, depende uma da outra. Mais ainda, a ordem das leituras dominical-festivas desenvolve-se num triênio, ao passo que a dos dias de semana o faz num biênio. Por isso, a ordem das leituras dominical-festivas procede de maneira independente da dos dias de semana, e vice-versa.

A sucessão de leituras propostas para as demais partes do *Elenco das Leituras da Missa*, tais como a série de leituras para as celebrações dos santos, para as missas rituais ou por diversas necessidades, ou as votivas, ou as missas de defuntos, rege-se por normas próprias.

b) Distribuição das leituras nos domingos e festas

66. As características do *Elenco das Leituras da Missa* para os domingos e festas são as seguintes:

---

independentes; seria necessário lembrar que há um terceiro nível de acompanhamento da Palavra de Deus especialmente para os ministros consagrados: o Ofício das Leituras dentro da Liturgia das Horas.

No número 66 se descreve o *ciclo trienal* para domingos e festas.

A Igreja voltou ao que havia sido tradição durante muitos séculos também na liturgia romana, e que havia continuado nas outras liturgias: as três leituras, que na liturgia hispânica se chamam "Profeta", "Apóstolo" e "Evangelho". Com elas se evidencia a unidade entre o Antigo e o Novo Testamento, com Cristo no centro, dando sentido a ambos.

Certamente esta decisão fez com que fosse oferecido ao Povo de Deus uma maior abundância de alimento espiritual. A edição oficial do OLM

1. Toda missa apresenta três leituras: a primeira, do Antigo Testamento; a segunda, do Apóstolo (isto é, das Epístolas dos apóstolos ou do Apocalipse, segundo os diversos tempos do ano); a terceira, do Evangelho. Com esta distribuição sublinha-se a unidade do Antigo e do Novo Testamento, e da história da salvação, cujo centro é Cristo e seu mistério pascal que celebramos.

2. O fato de que para os domingos e festas se proponha um ciclo de três anos é para que haja uma leitura mais variada e abundante da Sagrada Escritura, já que os mesmos textos não voltarão a ser lidos, a não ser depois de três anos.[7]

3. Os princípios que regulam a ordem das leituras dos domingos e festas são os chamados de "composição harmônica" ou de "leitura semicontínua". Emprega-se um ou outro princí-

---

[7] Os vários anos recebem as letras A, B, C. Para saber qual seja o ano A ou B ou C, se procede desta maneira: recebe a letra C aquele ano cujo número pode ser dividido por 3. Assim, contando do início da era cristã, o ano 1 teria sido ano A, o ano 2 ano B, o ano 3 ano C, também os anos 6, 9, 12, de novo ano C. Por exemplo, o ano 1980 é ano C, o ano seguinte, 1981, ano A, 1982 ano B e 1983 de novo ano C. E assim por diante. Evidentemente, cada ciclo começa, com o ano litúrgico, com a primeira semana do Advento, que cai no ano civil anterior.
Os anos de cada ciclo são denominados pelo Evangelho sinótico que é proclamado durante o Tempo Comum numa leitura semicontínua. Assim, o primeiro ano do ciclo é chamado ano de Mateus, o segundo e o terceiro, ano de Marcos e de Lucas, respectivamente.

---

explica em nota: "Os vários anos recebem as letras A, B, C. Para saber qual seja o ano A ou B ou C, se procede desta maneira: recebe a letra C aquele ano cujo número pode ser dividido por 3. Assim, contando do início da era cristã, o ano 1 teria sido ano A, o ano 2 ano B, o ano 3 ano C, também os anos 6, 9, 12... de novo ano C. Por exemplo, o ano 1980 é ano C, o ano seguinte, 1981, ano A, 1982 ano B e 1983 de novo ano C. E assim por diante. Evidentemente, cada ciclo começa, com o ano litúrgico, com a primeira semana do Advento, que cai no ano civil anterior.

Os anos de cada ciclo são denominados pelo Evangelho sinótico que é proclamado durante o Tempo Comum numa leitura semicontínua.

pio, segundo os diversos tempos do ano e as características especiais de cada tempo litúrgico.

67. A melhor composição harmônica entre as leituras do Antigo e Novo Testamento tem lugar quando a própria Escritura a insinua, isto é, naqueles casos em que os ensinamentos e fatos expostos nos textos do Novo Testamento têm uma relação mais ou menos explícita com os ensinamentos e fatos do Antigo Testamento. No presente *Elenco das Leituras da Missa*, os textos do Antigo Testamento foram selecionados principalmente por sua congruência com os textos do Novo Testamento, especialmente com o Evangelho que se lê na mesma missa.

No tempo de Advento, Quaresma e Páscoa, isto é, naqueles tempos dotados de importância e característica especiais, a composição entre os textos das leituras de cada missa baseia-se em princípios especiais.

No entanto, nos domingos do Tempo Comum, que não tem uma característica peculiar, os textos da leitura das Epístolas e do Evangelho se distribuem segundo a ordem da leitura semicontínua, ao passo que a leitura do Antigo Testamento se compõe harmonicamente com o Evangelho.

68. O que era conveniente para os tempos anteriormente citados não pareceu oportuno aplicá-lo também para os domingos

---

Assim, o primeiro ano do ciclo é chamado ano de Mateus, o segundo e o terceiro, ano de Marcos e de Lucas, respectivamente".

Tudo isso é necessário completar com o que será dito mais tarde, em OLM 79, sobre a possível exceção a esta regra das três leituras dominicais e festivas.

67-68. Dois modos de ler a Escritura

Já no número 66, no final, indicava que há dois modos de organizar a leitura dos livros bíblicos: a) o modo de composição harmônica que busca as passagens seguindo certa unidade temática, e b) uma leitura continuada ou semicontínua de cada livro.

O número 67 indica bem em que consiste a "harmonização". A melhor é a que provoca o próprio NT, como quando Jesus recorda os episódios de

do Tempo Comum, de modo que neles houvesse certa unidade temática que tornasse mais fácil a instrução das homilias. O genuíno conceito da ação litúrgica está em contradição, com efeito, com semelhante composição temática, já que tal ação litúrgica é sempre a celebração do mistério de Cristo e, por tradição própria, usa a Palavra de Deus, movida não só por algumas inquietações de ordem racional ou externa, mas pela preocupação de anunciar o Evangelho e levar os fiéis para a verdade plena.

c) Distribuição das leituras para os dias de semana

69. A distribuição das leituras para os dias de semana foi feita com estes critérios:

Jonas, de Naamã, ou cita um profeta ou um salmo. Ou como quando Paulo faz ver como se cumprem agora em nossas comunidades as figuras de Israel do AT. Há ao longo do ano muitos casos em que acontece uma harmonização, assim como nos domingos do Tempo Comum, em que sempre a leitura do AT é buscada como harmonização com a passagem evangélica do dia (OLM 106). Aqui será necessário lembrar o que o OLM 5 dizia da importância do AT e o OLM 13 sobre a centralidade do Evangelho.

Mas o que é conveniente em determinados dias não pareceu que o fosse sempre. Por exemplo, nos dias de semana e outras leituras dos domingos do Tempo Comum, preferiu-se a "leitura (semi)continuada". Em um dia de festa, como o Natal ou a Ascensão, é evidente que as três leituras nos ajudam a compreender e celebrar o próprio mistério. Mas não se quis que se estendesse a todo o ano esta tendência "temática", à maneira de organização sistemática, catequética, da Palavra de Deus. A liturgia não busca especialmente as chaves racionais ou didáticas, apenas como suporte para a catequese, mas sempre celebra o mistério de Cristo e nos apresenta a história da salvação, condensada na celebração eucarística.

69-72. *Leituras para outros dias e tempos*

Para os *dias de semana* são duas as leituras. São mostradas as diferentes motivações da seleção para o Tempo Comum ou para os tempos

IV — Distribuição Geral das Leituras da Missa

1. Toda missa apresenta duas leituras: a primeira do Antigo Testamento ou do Apóstolo (isto é, das Epístolas dos apóstolos ou do Apocalipse), e no Tempo Pascal, dos Atos dos Apóstolos; a segunda, do Evangelho.

2. O ciclo anual do tempo da Quaresma ordena-se segundo princípios peculiares que levam em consideração as características desse tempo, a saber, sua índole batismal e penitencial.

3. Também nos dias de semana do Advento e dos tempos do Natal e da Páscoa, o ciclo é anual e portanto as leituras não variam.

4. Nos dias de semana das trinta e quatro semanas do Tempo Comum, as leituras evangélicas se distribuem num só ciclo que se repete cada ano. A primeira leitura, ao contrário, distribui-se em duplo ciclo que se lê em anos alternados. O ano primeiro emprega-se nos anos ímpares; o segundo, nos anos pares.

Desse modo, também no *Elenco das Leituras da Missa* para os dias de semana, da mesma forma que nos domingos e festas, põem-se em prática os princípios da composição harmônica e da leitura semicontínua, de maneira semelhante, quando se trata daqueles tempos que ostentam características peculiares ou do Tempo Comum.

---

fortes. Também aqui têm acolhida os dois modos de leitura, "harmonizado" ou "temático".

No caso das celebrações de *santos* (nn. 70-71) já se antecipa o que depois será especificado mais claramente em OLM 83-84: há textos "próprios" de um santo, textos "apropriados" ou mais adequados, e outros "comuns". Uns e outros recebem diferente tratamento na hora da seleção concreta. Este é um dos campos nos quais mais se evidencia a maior riqueza e variedade de textos, entre os quais será preciso escolher, sempre com o critério do bem pastoral da comunidade.

O que se diz no número 72 sobre as leituras das missas rituais, votivas etc. precisa ser completado com OLM 85-88.

d) As leituras para as celebrações dos santos

70. Para as celebrações dos santos oferece-se dupla série de leituras:

1. Uma no Próprio, para as solenidades, festas e memórias, principalmente se para cada uma delas se encontram textos próprios. Ou, então, indica-se algum texto mais adequado, dentre os que se encontram no Comum, de preferência a outros.

2. Outra série, mais ampla, encontra-se nos Comuns dos Santos. Nesta parte, primeiro propõem-se os textos próprios para as diversas categorias de santos (mártires, pastores, virgens etc.); depois uma série de textos que tratam da santidade em geral, e que podem ser empregados à livre escolha, desde que se remeta aos Comuns para a escolha das leituras.

71. No que se refere à ordem em que estão colocados os textos nesta parte, ajudará saber que se encontram agrupados na ordem em que devem ser lidos. Assim, encontram-se primeiro os textos do Antigo Testamento, depois os textos do Apóstolo, em seguida, os salmos e versículos interlecionais e, finalmente, os textos do Evangelho. Estão colocados dessa maneira para que o celebrante os escolha à vontade, levando em consideração as necessidades pastorais da assembléia que participa da celebração, a não ser que se indique expressamente algo diferente.

e) As leituras para as missas rituais, para diversas necessidades, votivas e de defuntos

72. Nessa mesma ordem são colocados os textos das leituras para as missas rituais, para diversas necessidades, votivas e de defuntos: oferecem-se vários textos juntos, como nos Comuns dos santos.

f) Principais critérios aplicados na seleção e distribuição das leituras

73. Além desses princípios, que regulam a distribuição das leituras em cada parte do *Elenco das Leituras da Missa*, há outros de caráter mais geral, que podem ser enunciados da seguinte maneira:

1. Reserva de alguns livros segundo os tempos litúrgicos

74. Pela importância intrínseca do assunto e por tradição litúrgica, no presente *Elenco das Leituras da Missa* alguns livros da Sagrada Escritura reservam-se para determinados tempos litúrgicos. Por exemplo, respeita-se a tradição, tanto ocidental (ambrosiana e hispânica) como oriental, de ler os Atos dos Apóstolos no Tempo Pascal, já que este livro serve grandemente para fazer ver como a vida da Igreja encontra suas origens no mistério pascal. Conserva-se, também, a tradição, tanto ocidental como oriental, de ler o Evangelho de são João nas últimas semanas da Quaresma e no Tempo Pascal.

A leitura de Isaías, principalmente da primeira parte, é atribuída por tradição ao Tempo do Advento. Não obstante, alguns textos desse livro são lidos no Tempo do Natal. No Tempo do Natal lê-se também a Primeira Carta de são João.

73-77. *Os princípios na escolha de textos*

Para que tanto os pastores quanto os fiéis entendam como está construído o Lecionário, e portanto qual intenção tem determinada seleção para um tempo ou uma festa, são muito interessantes estes números nos quais nos são descritos os princípios que iluminaram a organização interna do OLM. Para a homilia, para as monições e para a própria espiritualidade e sintonia com a Palavra de Deus, estas chaves são de inegável significação.

2. Extensão dos textos

75. Com relação à extensão dos textos, guarda-se um termo médio. Fez-se uma distinção entre as narrações, que demandam certa extensão maior do texto e que geralmente os fiéis escutam com atenção, e aqueles textos que, pela profundidade de seu conteúdo, não podem ser muito extensos.

Para alguns mais longos, prevê-se dupla forma, a longa e a breve, segundo a conveniência. Essas abreviações foram feitas com grande cuidado.

3. Os textos mais difíceis

76. Por motivos pastorais, nos domingos e solenidades evitam-se os textos bíblicos realmente difíceis, seja objetivamente, porque suscitam árduos problemas de índole literária, crítica ou exegética, seja também, pelo menos até certo ponto, porque são textos que os fiéis dificilmente poderiam entender. Contudo, era

---

Tradicionalmente, alguns livros bíblicos já *foram reservados para alguns tempos determinados*. Aos vários exemplos que o número 74 destaca, é preciso acrescentar, por exemplo, a leitura do Apocalipse em um dos ciclos dominicais da Páscoa, ou o das passagens mais pascais de João para os dias de semana da Qüinquagésima.

A *extensão dos textos* (n. 75) é psicologicamente diferente segundo seu gênero e conteúdo. Os relatos mais "sacramentais" de João (a samaritana, o cego e Lázaro, nos domingos da Quaresma do ciclo A), apesar de longos, conviria proclamá-los por inteiro, já que não supõe uma dificuldade séria para segui-los. Em OLM 80 voltará a se falar da possibilidade de escolher a versão longa ou breve neste tipo de textos.

Os *textos difíceis* (n. 76) podem ser assim ou porque têm eles próprios a dificuldade, intrinsecamente, ou porque falta a suficiente formação (bíblica e de fé) da comunidade.

Justifica-se o fato de às vezes terem sido *suprimidos versículos* na organização das leituras. Sempre a finalidade e o critério é o bem espiritual da comunidade cristã.

inadmissível não proporcionar aos fiéis as riquezas espirituais de alguns textos pela simples razão de serem difíceis de entender, quando esta dificuldade deriva de uma insuficiente formação cristã, da qual nenhum fiel deve estar privado, ou de uma insuficiente formação bíblica, que todo pastor de almas deve possuir abundantemente. Algumas vezes, uma leitura difícil torna-se fácil por sua harmonia com outra leitura da mesma missa.

4. Omissão de alguns versículos

77. A tradição de algumas liturgias, sem excluir a própria liturgia romana, às vezes costumava omitir alguns versículos das leituras da Escritura. Certamente, deve-se admitir que essas omissões não podem ser feitas com superficialidade, para que não aconteça que fiquem mutilados o sentido do texto ou o espírito e o estilo próprios da Escritura. Contudo, salvando sempre a integridade do sentido no essencial, pareceu conveniente, por motivos pastorais, conservar também nesta ordem a tradição mencionada. Do contrário, alguns textos ficariam excessivamente longos, ou haveria a necessidade de omitir totalmente algumas leituras de não pouca importância para os fiéis, porque, ou contêm uns poucos versículos que, do ponto de vista pastoral, são menos proveitosos, ou incluem algumas questões realmente muito difíceis.

3. PRINCÍPIOS A SEREM APLICADOS NO USO DO ELENCO DAS LEITURAS DA MISSA

a) Faculdade de escolher alguns textos

78. No *Elenco das Leituras da Missa*, às vezes se concede ao celebrante a faculdade de escolher a leitura de um ou outro

---

78-88. *Um presidente com sentido pastoral e criativo*

Estes números convidam a que o presidente — e toda a equipe animadora da celebração — façam um *uso* conveniente deste instrumento que tem à mão: o Lecionário, o OLM.

texto, ou de escolher um texto entre os diversos propostos ao mesmo tempo para a mesma leitura. Isso raramente acontece nos domingos, solenidades e festas, para que não fique diluída a índole própria de algum tempo litúrgico, ou não se interrompa indevidamente a leitura semicontínua de algum livro; pelo contrário, essa faculdade dá-se com mais facilidade nas celebrações dos santos e nas missas rituais, para as diversas necessidades, votivas e de defuntos.

Essas faculdades, juntamente com outras, indicadas na *Introdução Geral sobre o Missal Romano* e no *Ordo cantus missae*,[8] têm finalidade pastoral. O sacerdote, portanto, ao organizar a liturgia da palavra, "levará em consideração mais o bem espiritual de toda a assembléia do que as suas preferências pessoais. Além disso, deve ter presente que uma escolha desse tipo deverá ser feita de comum acordo com os que celebram com ele e com os outros que deverão tomar parte

---

[8] Cf. *Instrução Geral sobre o Missal Romano*, nn. 36-40; *Ordo cantus missae* (Tipografia Poliglota Vaticana, 1972), nn. 5-9.

A liberdade para escolher alguns textos (n. 78) é menor, evidentemente, nos domingos e festas importantes, porque nestes dias é preciso procurar não descaracterizar o sentido de cada festa ou tempo litúrgico, para o bem de toda a comunidade. E é maior nos dias — como as memórias ou festas de santos ou de Nossa Senhora — em que o próprio Lecionário oferece maior variedade de textos. A motivação que deve decidir a escolha não é o gosto do sacerdote nem o da equipe organizadora, mas o bem de toda a comunidade.

É este mesmo critério que deve ser aplicado quando excepcionalmente se *suprimir uma das leituras* anteriores ao Evangelho (n. 79). A princípio a norma é que se proclamem as três: já o dizia OLM 66. Se antes se dizia mais suavemente ("vale optandum est": deseja-se muito), agora se diz com um tom de maior urgência, que se façam as três leituras ("revera fiant", efetivamente se façam). Quando esses motivos sérios pastorais aconselham suprimir uma, seja feito com inteligência, como

na celebração, sem excluir os próprios fiéis na parte que mais diretamente a eles se refere".[9]

1. As duas leituras antes do Evangelho

79. Nas missas em que se propõem três leituras é preciso fazer efetivamente três leituras. Não obstante, se a Conferência Episcopal, por motivos pastorais, permitir que em alguma parte se façam somente duas leituras,[10] a escolha entre as duas primeiras deve ser feita de modo que não se desvirtue o projeto de instruir plenamente os fiéis sobre o mistério da salvação.* Por isso, a não ser que em algum caso se indique de outro modo,

---

[9] *Instrução Geral sobre o Missal Romano*, n. 313.

[10] Ibid., n. 318; SAGRADA CONGREGAÇÃO PARA OS SACRAMENTOS E CULTO DIVINO, Instrução *Inaestimabile donum*, de 3 de abril de 1980, n. 1, in AAS 72 (1980), pp. 333-334.

* A CNBB (XI Assembléia Geral – 1970) decidiu que, por motivos pastorais, podem ser feitas duas leituras apenas na celebração.

---

aqui se indica. E em nota de rodapé ao número 79, o documento pondera a conveniência de não escolher, indiscriminadamente, a leitura a ser suprimida ou proclamada.

Às vezes é necessário escolher também entre *uma versão longa e outra breve* (n. 80). Cf. o que foi dito em OLM 75. É a pastoral, o bem de uma comunidade, que deve ir escutando toda a Palavra de Deus, a que deve aconselhar uma ou outra.

O mesmo vale para quando se trata de escolher entre *dois textos optativos* (n. 81).

Mais freqüente é o caso da *leitura continuada dos dias de semana* (n. 82). Aqui se insiste em que o normal, o mais conveniente, deve ser acompanhar esta organização de leitura continuada para os dias de semana. Apenas interrompida quando se trata de solenidades, festas, ou mesmo memórias dos santos que tenham leituras próprias do santo (não apenas "apropriadas" ou do "comum"), como será dito no número seguinte. Mais ainda: se indica que, se for omitida, por uma razão

entre as duas primeiras leituras é preciso preferir aquela que esteja mais diretamente relacionada com o Evangelho, ou aquela que, segundo o projeto antes mencionado, seja de mais ajuda para realizar durante algum tempo uma catequese orgânica, ou aquela que facilite a leitura semicontínua de algum livro.[11]

2. Forma longa ou breve

80. Ao escolher entre as duas formas em que se apresenta um mesmo texto, é preciso guiar-se também por um critério pastoral. Com efeito, às vezes se dá uma forma longa e outra breve do mesmo texto. Nesse caso é preciso atender a que os fiéis possam escutar com proveito a forma mais curta ou a mais extensa, e também à possibilidade de que escutem o texto mais completo, que depois será explicado na homilia.

---

[11] P. ex.: no Tempo da Quaresma, continuam as leituras do Antigo Testamento, propostas de acordo com a evolução da história da salvação; nos domingos do Tempo Comum é proposta a leitura semicontínua de uma Carta. Nestes casos convém que o Celebrante escolha uma ou outra leitura de maneira sistemática, durante vários domingos seguidos, para garantir uma seqüência na catequese; não convém de nenhum modo que se leia, sem obedecer a uma ordem, uma vez o Antigo Testamento, outra vez uma Carta, sem nexo entre os textos que se seguem.

---

dessas, uma passagem da leitura continuada ferial, pode-se "recuperar" antes ou depois, sobretudo se a passagem em questão forma uma unidade com o anterior ou o seguinte, completando seu sentido.

Também requer uma opção inteligente a escolha de leituras para as celebrações *de santos* (nn. 83.84). Especifica-se aqui com clareza o que já se apontava em OLM 70-71: há leituras "próprias" de santos, coisa que não apenas acontece quando se trata de solenidades (por exemplo, são José) e festas (por exemplo, são Bento como patrono da Europa), mas também em algumas memórias de santos que aparecem no NT, como são Barnabé, Madalena, Tito e Timóteo. Nesse caso, é preciso escolher precisamente essas leituras. É preciso também textos "apropriados", pelas características especiais do santo, e por fim leituras "comuns" aos mártires ou doutores, por exemplo. Nestes dois últimos

3. Duplo texto proposto

81. Quando se concede a faculdade de escolha entre um ou outro texto já determinado, ou quando se deixa à escolha, será mister atender à utilidade dos que participam. Isso pode acontecer quando se teme que um dos textos escolhidos apresente dificuldades para a assembléia. Nesse caso, deve-se optar pelo texto mais fácil ou mais conveniente para a assembléia reunida. Pode também acontecer que o mesmo texto deva ser proclamado de novo dentro de alguns dias, no domingo ou num dia de semana que seguem imediatamente, de maneira que uma vez ele seja leitura própria e a outra vez seja leitura de livre escolha por motivos pastorais. Nesse caso, deve-se ver se é melhor repetir esse texto ou substituí-lo por outro.

4. As leituras dos dias de semana ou feriais

82. Na ordem das leituras dos dias de semana, propõem-se alguns textos para cada dia de cada semana, durante todo o ano; portanto, como norma geral, se tomarão essas leituras nos dias que lhes são assinalados, a não ser que coincida uma

---

casos, a escolha depende do grau de proximidade que tal santo tenha com esta comunidade. O princípio continuaria sendo o de que não vale a pena interromper a leitura continuada semanal nestes dois últimos casos. A razão é sempre a mesma: o bem espiritual dos fiéis fica mais alimentado quando se respeita a proclamação da Palavra de Deus com certa continuidade, seguindo os livros que tenham sido escolhidos para um tempo. É verdade que "podem" ser escolhidas leituras que nos evoquem o santo, embora sejam apenas "apropriadas" ou "comuns", mas é melhor não interromper o livro bíblico que está sendo lido, mais que no caso de leituras estritamente "próprias".

Também são dados aqui critérios para os casos de *missas rituais* (n. 85), das quais já havia falado OLM 72. Trata-se de celebrações eucarísticas nas quais se incluem o batismo, a confirmação etc. O Ritual

solenidade ou uma festa, ou uma memória que tenha leituras próprias.[12]

No *Elenco das Leituras da Missa* para os dias de semana, é preciso ver se durante aquela semana, em razão de alguma celebração que nela coincida, se deverá omitir alguma ou algumas leituras do mesmo livro. Verificando-se este caso, o sacerdote, tendo em vista a distribuição das leituras de toda a semana, deverá prever que parte omitirá, por serem de menor importância, ou a maneira mais conveniente de unir estas às demais, quando são úteis para uma visão de conjunto do assunto de que tratam.

5. As celebrações dos santos

83. Para as celebrações dos santos propõem-se, quando elas existem, leituras próprias, isto é, que tratam da mesma pessoa do santo ou do mistério que a missa celebra. Essas leituras, embora se trate de uma memória, devem ser feitas no lugar das leituras correspondentes ao dia de semana. Quando se dá esse caso numa memória, o *Elenco das Leituras da Missa* o indica expressamente em seu lugar.

Às vezes, dá-se o caso de leituras apropriadas, isto é, que sublinham algum aspecto peculiar da vida espiritual ou da atividade do santo. Em tal caso, não parece que se deva impor o uso dessas leituras, a não ser que o motivo pastoral o aconse-

---

[12] Cf. *Instrução Geral sobre o Missal Romano*, n. 319.

---

da Penitência é o único que expressamente proíbe que este sacramento se celebre dentro do âmbito da Eucaristia (*Prenotanda*, n. 13). Quando a categoria do dia proíbe escolher todo o formulário de leituras próprias do ritual de um sacramento, pode-se, como indica o número 88, substituir uma do dia por uma leitura do Ritual do próprio sacramento. Por exemplo, quando em uma missa dominical se celebram batizados, profissões religiosas ou um casamento.

IV — Distribuição Geral das Leituras da Missa

lhe realmente. Geralmente, indicam-se as leituras que existem nos Comuns, para facilitar a escolha. Trata-se apenas de sugestões: em vez da leitura apropriada ou simplesmente proposta, pode-se escolher qualquer outra dos Comuns indicados.

O sacerdote que celebra com participação do povo procurará em primeiro lugar o bem espiritual dos fiéis e evitará impor-lhes as próprias preferências. Procurará de maneira especial não omitir com freqüência e sem motivo suficiente as leituras indicadas para cada dia no Lecionário semanal, pois é desejo da Igreja que os fiéis disponham da mesa da Palavra de Deus ricamente servida.[13]

Há também leituras comuns, isto é, as que figuram nos Comuns para determinada categoria de santos (por exemplo, mártires, virgens, pastores) ou para os santos em geral. Como nestes casos se propõem vários textos para uma mesma leitura, cabe ao celebrante escolher o que mais convenha aos ouvintes.

Em todas as celebrações, além dos Comuns aos quais se remete em cada caso, sempre que o aconselhe algum motivo especial, as leituras podem ser escolhidas do Comum dos Santos e Santas.

84. Além disso, nas celebrações dos santos é preciso levar em consideração o seguinte:

a) Nas solenidades e festas devem-se empregar sempre as leituras que se encontram no Próprio ou no Comum; nas celebrações do calendário geral indicam-se sempre leituras próprias.

b) Nas solenidades dos calendários particulares devem propor-se três leituras: a primeira do Antigo Testamento (no Tempo Pascal, dos Atos dos Apóstolos ou do Apocalipse), a segunda do Apóstolo e a terceira, do Evangelho, a não ser que a Conferência Episcopal tenha determinado que deve haver só duas leituras.[14]

---

[13] Cf. *Instrução Geral sobre o Missal Romano*, n. 316c; Concílio Vaticano II, Constituição sobre a Sagrada Liturgia, *Sacrosanctum Concilium*, n. 51.

[14] Cf. *Instrução Geral sobre o Missal Romano*, n. 318.

c) Nas festas e memórias em que há somente duas leituras, a primeira pode ser escolhida do Antigo Testamento ou do Apóstolo; a segunda, do Evangelho. Todavia, no Tempo Pascal, segundo o costume tradicional da Igreja, a primeira leitura deve ser do Apóstolo, a segunda, na medida do possível, do Evangelho de são João.

6. As outras partes do Elenco das Leituras da Missa

85. No *Elenco das Leituras da Missa* para as missas rituais, indicam-se os mesmos textos que já foram promulgados nos respectivos Rituais, excetuando, como é natural, os textos pertencentes às celebrações que não se podem juntar com a missa.[15]

86. O *Elenco das Leituras da Missa* para diversas necessidades, votivas e de defuntos apresenta diversidade de textos que podem prestar uma valiosa ajuda para adaptar essas celebrações às características, às circunstâncias e aos problemas das diversas assembléias que delas participam.[16]

87. Nas missas rituais, para diversas necessidades, votivas e de defuntos, quando se propõem vários textos para a mesma leitura, a escolha se faz com os mesmos critérios anteriormente descritos para escolher as leituras do Comum dos Santos.

88. Quando alguma missa ritual estiver proibida e, segundo as normas indicadas em cada rito, se permitir tomar uma leitura daquelas propostas para as missas rituais, deve-se atender ao bem comum espiritual dos que participam.[17]

---

[15] Cf. *Rito da Penitência*, "Introdução", n. 13.
[16] Cf. *Instrução Geral sobre o Missal Romano*, n. 320.
[17] Cf. ibid., n. 313.

IV — Distribuição Geral das Leituras da Missa

b) O salmo responsorial e a aclamação antes da leitura do Evangelho

89. Entre esses cantos tem especial importância o salmo* que segue à primeira leitura. Como norma, deve-se tomar o salmo indicado para a leitura, a não ser que se trate de leituras do Comum dos Santos, das missas rituais, para diversas necessidades, votivas ou de defuntos, já que nesses casos a escolha cabe ao sacerdote celebrante, que agirá segundo a utilidade pastoral dos participantes.

Entretanto, para que o povo possa mais facilmente dizer a resposta salmódica, o *Elenco das Leituras da Missa* assinala alguns textos de salmos e de respostas escolhidos para os diversos tempos do ano ou para as diversas categorias de santos, os quais poderão ser empregados em vez do texto que corresponde à leitura, sempre que o salmo for cantado.[18]

90. O outro canto, que se faz depois da segunda leitura, antes do Evangelho, é determinado em cada missa e está relacionado com o Evangelho, ou é deixado à livre escolha entre a série comum de cada tempo litúrgico ou do Comum.

91. No Tempo da Quaresma pode-se empregar alguma das aclamações propostas mais adiante;[19] ela precede e segue o versículo antes do Evangelho.

---

* As melodias dos Salmos Responsoriais e das aclamações ao Evangelho encontram-se no "Hinário Litúrgico", volumes 1, 2 e 3, Paulus, São Paulo.

[18] Cf. *Elenco das Leituras da Missa*, 2. edição típica (Tipografia Poliglota Vaticana, 1981), nn. 173-174.

[19] Cf. ibid., n. 223.

89-91. *O salmo responsorial e as aclamações ao Evangelho*

Cf. o que foi dito em OLM 19-22 sobre o salmo responsorial. E em OLM 23 sobre a aclamação do Evangelho.

CAPÍTULO V
DESCRIÇÃO DO ELENCO DAS LEITURAS DA MISSA

92. Para ajudar os pastores de almas a conhecer a estrutura do *Elenco das Leituras da Missa*, para que o usem de forma viva e com proveito dos fiéis, parece oportuno dar dele uma breve descrição, pelo menos no que se refere às principais celebrações e aos diversos tempos do ano litúrgico, em atenção aos quais se escolheram as leituras segundo as normas antes indicadas.

1. TEMPO DO ADVENTO

a) Domingos

93. As leituras do Evangelho têm uma característica própria: referem-se à vinda do Senhor no final dos tempos (primeiro domingo), a João Batista (segundo e terceiro domingos), aos acontecimentos que preparam de perto o nascimento do Senhor (quarto domingo).

---

92. *Conhecer bem o Lecionário*

Todo o capítulo V nos oferece uma descrição mais detalhada das leituras do OLM e os critérios pelos quais foram escolhidos e distribuídos, para que os pastores — o presidente e toda a equipe animadora —, conhecendo melhor o espírito desta seleção, possam realizar melhor seu ministério de ajuda à comunidade: as monições, os cantos, a própria proclamação e a homilia.

93-94. *O espírito do Advento em suas leituras*

Por exemplo, é útil conhecer os critérios pelos quais foram organizadas as leituras do Advento, com os diferentes matizes que tem esta seleção

As leituras do Antigo Testamento são profecias sobre o Messias e o tempo messiânico, tiradas principalmente do livro de Isaías.

As leituras do Apóstolo contêm exortações e ensinamentos relativos às diversas características deste tempo.

b) Dias de semana

94. Há duas séries de leituras, uma desde o princípio até o dia 16 de dezembro, a outra do dia 17 ao 24.

Na primeira parte do Advento lê-se o livro de Isaías, seguindo a ordem do livro, sem excluir aquelas perícopes mais importantes que se lêem também aos domingos. Os Evangelhos destes dias estão relacionados com a primeira leitura.

A partir da quinta-feira da segunda semana começam as leituras do Evangelho sobre João Batista; a primeira leitura é uma continuação do livro de Isaías ou um texto relacionado com o Evangelho.

Na última semana antes do Natal, lêem-se os acontecimentos que prepararam imediatamente o nascimento do Senhor, tirados do Evangelho de são Mateus (cap. 1) e de são Lucas (cap. 1). Para a primeira leitura foram selecionados alguns textos de diversos livros do Antigo Testamento, levando em consideração o Evangelho do dia; entre eles se encontram alguns vaticínios messiânicos de grande importância.

---

até 16 de dezembro (predomínio do profeta Isaías) e depois do dia 17 (no qual têm preferência os Evangelhos preparatórios do Natal). Às vezes a chave temática é dada pela primeira leitura. Porém, mais tarde, desde que aparece a figura do Batista, é dada pelo Evangelho.

2. TEMPO DE NATAL

a) Solenidade, festas e domingos

95. Na vigília e nas três missas do Natal, as leituras, tanto proféticas como as demais, foram tiradas da tradição romana.

No domingo dentro da oitava do Natal, festa da Sagrada Família, o Evangelho é da infância de Jesus, e as outras leituras falam das virtudes da vida doméstica.

Na oitava do Natal e solenidade de Santa Maria, Mãe de Deus, as leituras tratam da Virgem, Mãe de Deus, e da imposição do santíssimo nome de Jesus.

No segundo domingo depois do Natal, as leituras tratam do mistério da Encarnação.

Na Epifania do Senhor, a leitura do Antigo Testamento e o Evangelho conservam a tradição romana; na leitura apostólica, lê-se um texto relativo à vocação dos pagãos à salvação.

Na festa do batismo do Senhor, os textos referem-se a esse mistério.

b) Dias de semana

96. Desde o dia 29 de dezembro, faz-se uma leitura contínua de toda a Primeira Carta de são João, que já se começou a ler

---

95-96. *O Natal e suas leituras*

Da mesma forma convém conhecer o Natal, tempo no qual às vezes se nota certa desorientação sobre as leituras e sua explicação a partir da homilia.

Nos dias mais festivos, evidentemente, as leituras nos ajudam a sintonizar com o Mistério (Natal, Epifania, Santa Maria Mãe de Deus, santos deste tempo). Mas nos dias de semana há unidades de seleção em torno da infância de Jesus, ou os textos mais "epifânicos", e sobretudo como primeira leitura a de 1 João, desde 27 de dezembro até 12 de janeiro.

no dia 27 de dezembro, festa do mesmo são João, e no dia seguinte, festa dos Santos Inocentes. Os Evangelhos referem-se às manifestações do Senhor. Lêem-se os acontecimentos da infância de Jesus, tirados do Evangelho de são Lucas (dias 29 e 30 de dezembro), o primeiro capítulo do Evangelho de são João (31 de dezembro a 5 de janeiro), e as principais manifestações do Senhor, retiradas dos quatro Evangelhos (7 a 12 de janeiro).

3. TEMPO DA QUARESMA

a) Domingos

97. As leituras do Evangelho são distribuídas da seguinte maneira:

No primeiro e segundo domingos conservam-se as narrações das tentações e da transfiguração do Senhor, mas lidas segundo os três sinóticos.

Nos três domingos seguintes foram recuperados, para o ano A, os Evangelhos da samaritana, do cego de nascença e da ressurreição de Lázaro; esses, por serem de grande importância em relação à iniciação cristã, podem ser lidos também nos anos B e C, sobretudo quando há catecúmenos.

Todavia, nos anos B e C há também outros textos, a saber: no ano B, alguns textos de são João sobre a futura glorificação

---

97-98. *A Quaresma*

Costuma ser mais conhecida a "intenção" das leituras da Quaresma, tanto nos domingos quanto nos dias de semana.

Por exemplo, as primeiras leituras dos domingos são, nos três ciclos, etapas importantes da história da salvação no AT, enquanto os Evangelhos seguem uma linha própria, e as segundas leituras acompanham, ora a primeira, ora o Evangelho. Outros critérios da seleção foram a linha penitencial e a batismal, como preparação para a Páscoa.

de Cristo por sua cruz e ressurreição; no ano C, alguns textos de são Lucas sobre a conversão.

No Domingo de Ramos da Paixão do Senhor, foram escolhidos para a procissão os textos que se referem à solene entrada do Senhor em Jerusalém, tirados dos três Evangelhos sinóticos; na missa lê-se o relato da Paixão do Senhor.

As leituras do Antigo Testamento referem-se à história da salvação, que é um dos temas próprios da catequese quaresmal. Cada ano há uma série de textos que apresentam os principais elementos dessa história, desde o princípio até a promessa da nova aliança.

As leituras do Apóstolo foram escolhidas de tal forma que tenham relação com as leituras do Evangelho e do Antigo Testamento e haja, na medida do possível, uma adequada conexão entre as mesmas.

b) Dias de semana

98. As leituras do Evangelho e do Antigo Testamento foram escolhidas de modo que tivessem uma relação mútua; elas tratam de diversos temas próprios da catequese quaresmal, em consonância com o significado espiritual desse tempo. Desde a segunda-feira da quarta semana, oferece-se uma leitura semicontínua do Evangelho de são João, na qual se incluem aqueles textos deste Evangelho que melhor correspondem às características da Quaresma.

Como as leituras da samaritana, do cego de nascença e da ressurreição de Lázaro agora se lêem aos domingos, mas somente no ano A (e nos outros anos de maneira opcional), previu-se que possam ser lidas também nos dias de semana; por isso, no começo da terceira, quarta e quinta semanas, acrescentaram-se algumas "missas opcionais" que contêm esses textos; essas missas podem ser empregadas em qualquer dia da semana correspondente, em lugar das leituras do dia.

Nos primeiros dias da Semana Santa, as leituras consideram o mistério da paixão. Na missa do Crisma, as leituras sublinham a função messiânica de Cristo e sua continuação na Igreja, por meio dos sacramentos.

4. TRÍDUO SACRO E TEMPO PASCAL

a) Sacro tríduo pascal

99. Na Quinta-feira Santa, na missa vespertina, a recordação do banquete que precedeu o êxodo ilumina, de maneira especial, o exemplo de Cristo ao lavar os pés dos discípulos e as palavras de Paulo sobre a instituição da Páscoa cristã na Eucaristia.

A ação litúrgica da Sexta-feira Santa chega ao seu momento culminante no relato segundo são João da paixão daquele que, como o Servo do Senhor, anunciado no livro de Isaías, tornou-se realmente o único sacerdote a oferecer-se a si mesmo ao Pai.

Na vigília pascal da noite santa, propõem-se sete leituras do Antigo Testamento, que lembram as maravilhas de Deus na história da salvação, e duas do Novo, a saber, o anúncio da ressurreição, segundo os três Evangelhos sinóticos, e a leitura apostólica sobre o batismo cristão como sacramento da ressurreição de Cristo.

99-102. *A Páscoa refletida em suas leituras*

Com alguns números totalmente novos (como o 99 e o 102), ajuda-se aqui os pastores a compreenderem a razão de ser da seleção das leituras pascais.

O Tríduo, sobretudo a Vigília Pascal, é a noite mais rica do Lecionário, com seu percurso de toda a história da salvação e a proclamação do Evangelho mais importante de todo o ano: a ressurreição do Senhor segundo o evangelista do ano.

Para a missa do dia da Páscoa propõe-se a leitura do Evangelho de São João sobre o encontro do sepulcro vazio. Podem-se ler também, caso se prefiram, os textos dos Evangelhos propostos para a noite santa, ou, quando houver missa vespertina, a narração de Lucas sobre a aparição aos discípulos que iam para Emaús. A primeira leitura é retirada dos Atos dos Apóstolos, que se lêem durante o Tempo Pascal, em vez da leitura do Antigo Testamento. A leitura do Apóstolo refere-se ao mistério da Páscoa vivido na Igreja.

b) Domingos

100. Até o terceiro domingo da Páscoa, as leituras do Evangelho relatam as aparições de Cristo ressuscitado. As leituras do Bom Pastor são proclamadas no quarto domingo da Páscoa. No quinto, sexto e sétimo domingos da Páscoa lêem-se passagens escolhidas do discurso e da oração do Senhor depois da última ceia.

A primeira leitura é tirada dos Atos dos Apóstolos, no ciclo dos três anos, de modo paralelo progressivo; dessa forma, em cada ano oferecem-se algumas manifestações da vida, testemunho e progresso da Igreja primitiva.

Para a leitura apostólica, no ano A, lê-se a Primeira Carta de são Pedro; no ano B, a Primeira Carta de são João, e no ano C, o Apocalipse; esses textos estão de acordo com o espírito de uma fé alegre e uma firme esperança, próprios desse tempo.

São conhecidos os critérios das leituras tanto dominicais quanto festivas da Qüinquagésima, aqui especificados. É interessante, por exemplo, que para os dias festivos desse tempo forte tenham sido escolhidos aqueles capítulos do Evangelho de João que apresentam os sacramentos pascais (cap. 3 com o diálogo "batismal" de Jesus com Nicodemos, e cap. 6, com o sermão do Pão da Vida), assim como as linhas de uma existência pascalmente vivida (cap. 10, o Bom Pastor, e 14–17, o discurso de despedida, de claro tom pós-pascal).

c) Dias de semana

101. A primeira leitura é tirada dos Atos dos Apóstolos, como nos domingos, de modo semicontínuo. No Evangelho, dentro da oitava da Páscoa, lêem-se os relatos das aparições do Senhor. Depois, faz-se uma leitura semicontínua do Evangelho de são João, do qual se tiram, agora, os textos de cunho pascal, para completar assim a leitura já começada no tempo da Quaresma. Nesta leitura pascal ocupam uma grande parte o discurso e a oração do Senhor depois da ceia.

d) Solenidades da Ascensão e Pentecostes

102. A solenidade da Ascensão conserva como primeira leitura a narração do evento segundo os Atos dos Apóstolos, e esse texto é completado pelas leituras apostólicas acerca do Cristo elevado à direita do Pai. Na leitura do Evangelho cada ciclo apresenta o texto próprio segundo as variantes de cada evangelista.

Na missa que se celebra na tarde da vigília de Pentecostes, oferecem-se quatro textos do Antigo Testamento, para que se escolha um deles, que ilustram o múltiplo significado da solenidade. A leitura apostólica explica como o Espírito realiza a sua função na Igreja. Finalmente, a leitura evangélica recorda a promessa do Espírito feita por Cristo, quando ainda não havia sido glorificado. Na missa do dia, toma-se como primeira leitura a narração que nos fazem os Atos dos Apóstolos do grande acontecimento de Pentecostes, ao passo que os textos do Apóstolo manifestam os efeitos da atuação do Espírito na vida da Igreja. A leitura evangélica traz à memória como Jesus, na tarde do dia da Páscoa, torna os discípulos participantes do Espírito, ao passo que os outros textos opcionais tratam da ação do Espírito nos discípulos e na Igreja.

5. TEMPO COMUM

a) Distribuição e seleção dos textos

103. O Tempo Comum começa na segunda-feira que segue o domingo depois do dia 6 de janeiro e termina na terça-feira antes da Quaresma, inclusive; recomeça na segunda-feira depois do domingo de Pentecostes e termina antes das primeiras Vésperas do primeiro domingo do Advento.

O *Elenco das Leituras da Missa* contém leituras para os 34 domingos e as semanas que os seguem. Às vezes, porém, as semanas do Tempo Comum são apenas 33. Além disso, alguns domingos ou pertencem a outro tempo litúrgico (o domingo em que se celebra o Batismo do Senhor e o domingo de Pentecostes), ou ficam impedidos por uma solenidade que coincide com eles (por exemplo: a Santíssima Trindade, Jesus Cristo Rei do Universo).

104. Para ordenar corretamente o uso das leituras estabelecidas para o Tempo Comum, deve-se observar o seguinte:

1) O domingo em que se celebra a festa do Batismo do Senhor ocupa o lugar do primeiro domingo do Tempo Comum; portanto, as leituras da Semana I começam na segunda-feira depois do domingo após o dia 6 de janeiro. Se a festa do Batismo do Senhor se celebra na segunda-feira depois do domingo em que se celebrou a Epifania, as leituras da Semana I começam na terça-feira.

103-110. *As leituras do Tempo Comum*

Antes de tudo, é-nos descrita aqui a estrutura e numeração do Tempo Comum, que ocupa a maior parte do ano (nn. 103-104). Em relação ao prosseguimento deste último depois de Pentecostes, explicita-se em nota que "por exemplo, quando forem seis semanas antes da Quaresma, na segunda-feira depois de Pentecostes começa a sétima semana. A solenidade da Santíssima Trindade ocupa o lugar de um domingo do Tempo Comum"; "Quando as semanas antes da Quaresma forem, por exemplo, cinco, omite-se a sexta e, na segunda-feira depois de Pentecostes, começa a sétima semana".

2) O domingo que segue a festa do Batismo do Senhor é o segundo do Tempo Comum. Os outros numeram-se em ordem progressiva, até o domingo que precede o início da Quaresma. As leituras da semana em que ocorre a Quarta-feira de Cinzas interrompem-se depois do dia que precede essa quarta-feira.

3) Ao recomeçar as leituras do Tempo Comum depois do domingo de Pentecostes, é preciso levar em consideração o seguinte:

— Se os domingos do Tempo Comum são 34, toma-se a semana que segue imediatamente à semana cujas leituras foram lidas em último lugar antes da Quaresma.[1]

— Se os domingos do Tempo Comum são 33, omite-se a primeira semana que se deveria tomar depois de Pentecostes, para conservar assim, no final do ano litúrgico, os textos escatológicos assinalados para as duas últimas semanas.[2]

---

[1] Assim, por exemplo, quando forem seis semanas antes da Quaresma, na segunda-feira depois de Pentecostes começa a sétima semana. A solenidade da Santíssima Trindade ocupa o lugar de um domingo do Tempo Comum.

[2] Quando as semanas antes da Quaresma forem, por exemplo, cinco, omite-se a sexta e, na segunda-feira depois de Pentecostes, começa a sétima semana.

Depois o documento nos mostra como estão organizadas as leituras dominicais deste Tempo Comum, com um "evangelista do ano" para cada ciclo (Mateus para o ciclo A, Marcos para o B e Lucas para o C), em leitura semicontínua.

É interessante, e também bastante conhecido, o que se diz a respeito das três leituras de cada domingo, que seguem alguns critérios próprios, harmonizando-se a primeira do AT com a passagem do Evangelho do dia, enquanto a segunda leitura, a "apostólica", segue por conta própria em uma organização semicontínua. Privilegia-se, portanto, o Evangelho em detrimento do AT, o qual é lido de forma não-contínua.

Em quadros à parte o OLM oferece, e nós reproduzimos também neste livro, a visão global das primeiras e das segundas leituras dominicais do Tempo Comum.

b) Leituras para os domingos

1) Leituras do Evangelho

105. O segundo domingo do Tempo Comum ainda se refere à manifestação do Senhor, celebrada na solenidade da Epifania, pela perícope tradicional das bodas de Caná e outras duas, também elas tiradas do Evangelho de são João.

A partir do terceiro domingo começa a leitura semicontínua dos três Evangelhos sinóticos; esta leitura se ordena de tal forma que apresenta a doutrina própria de cada Evangelho, à medida que se vai desenrolando a vida e a pregação do Senhor.

Além disso, graças a essa distribuição, consegue-se certa harmonia entre o sentido de cada Evangelho e a evolução do ano litúrgico. Com efeito, depois da Epifania lêem-se os começos da pregação do Senhor, que têm uma estreita relação com o batismo e as primeiras manifestações de Cristo. No final do ano litúrgico chega-se espontaneamente ao tema escatológico, próprio dos últimos domingos, já que os capítulos do Evangelho que precedem o relato da paixão tratam deste tema, de maneira mais ou menos ampla.

No ano B intercalam-se, depois do décimo sexto domingo, cinco leituras do capítulo 6 do Evangelho de são João (o "discurso sobre o pão da vida"); esta intercalação faz-se de modo conatural, já que a multiplicação dos pães no Evangelho de são João substitui a mesma narração segundo são Marcos. Na leitura semicontínua de são Lucas do ano C, antepõe-se ao primeiro texto (isto é, o terceiro domingo) o prólogo do Evangelho em que se explica a intenção do autor, e para o qual não se encontrava um espaço adequado em outro lugar.

2) Leituras do Antigo Testamento

106. Estas leituras foram selecionadas em relação às perícopes evangélicas, com o fim de evitar uma excessiva diversidade entre as leituras de cada missa e sobretudo para evidenciar a unidade de ambos os Testamentos. A relação entre as leituras da missa torna-se evidente através da cuidadosa escolha dos títulos que se encontram no princípio de cada leitura.

Ao selecionar as leituras procurou-se, na medida do possível, fazer que fossem breves e fáceis. Mas previu-se, também, que nos domingos fosse lido o maior número possível dos textos mais importantes do Antigo Testamento. Estes textos foram distribuídos sem uma ordem lógica, atendendo apenas à sua relação com o Evangelho; todavia, o tesouro da Palavra de Deus ficará de tal forma aberto que todos os que participam da missa dominical conhecerão quase todas as passagens mais importantes do Antigo Testamento.

3) Leituras do Apóstolo

107. Para esta segunda leitura propõe-se uma leitura semicontínua das cartas de são Paulo e de são Tiago (as cartas de são Pedro e de são João são lidas no Tempo Pascal e no Tempo do Natal).

A Primeira Carta aos Coríntios, por ser muito longa e tratar de diversos temas, foi distribuída nos três anos do ciclo, no princípio deste Tempo Comum. Também pareceu oportuno dividir a Carta aos Hebreus em duas partes, a primeira das quais se lê no ano B, e a outra no ano C.

Convém advertir que foram escolhidas somente leituras bastante breves e não muito difíceis para a compreensão dos fiéis.

A tabela II que se encontra mais adiante[3] indica a distribuição das Cartas nos domingos do Tempo Comum para os três anos do ciclo.

---

[3] Cf., a seguir, tabela II, p. 113.

c) Leituras para as solenidades do Senhor no Tempo Comum

108. Para as solenidades da Santíssima Trindade, do Santíssimo Sacramento do Corpo e do Sangue de Cristo e do Sagrado Coração de Jesus escolheram-se alguns textos que correspondem às principais características dessas celebrações.

As leituras do trigésimo quarto e último domingo celebram Jesus Cristo, Rei do Universo, esboçado na figura de Davi, proclamado no meio das humilhações da paixão e da cruz, reinante na Igreja, e que deve voltar no fim dos tempos.

d) Leituras para os dias de semana

109. 1) Os *Evangelhos* ordenam-se de tal modo que em primeiro lugar se lê o de são Marcos (semanas 1ª-9ª), depois o de são Mateus (semanas 10ª-21ª) e finalmente o de são Lucas (semanas 22ª-34ª). Os capítulos 1–12 de são Marcos lêem-se integralmente, excetuando-se apenas duas perícopes do capítulo 6, que se lêem nos dias de semana de outros tempos. De são Mateus e são Lucas lê-se tudo aquilo que não se encontra em são Marcos. Aqueles versículos que no Evangelho têm uma índole totalmente própria ou que são necessários para entender adequadamente a continuidade do Evangelho, lêem-se duas ou até três vezes. O discurso escatológico lê-se integralmente em são Lucas, e desse modo essa leitura coincide com o final do ano litúrgico.

110. 2) Na *primeira leitura* vão se alternando os dois Testamentos, várias semanas cada um, segundo a extensão dos livros que se lêem.

Dos livros do Novo Testamento lê-se uma parte bastante notável, procurando dar uma visão substancial de cada uma das Cartas.

Quanto ao Antigo Testamento, não era possível oferecer mais do que aquelas passagens escolhidas que, na medida do possível, dessem a conhecer a índole própria de cada livro. Os textos históricos foram selecionados de modo que dêem uma visão de conjunto da história da salvação antes da encarnação do Senhor. Era praticamente impossível colocar os relatos muito extensos: em alguns casos foram selecionados alguns versículos, com a finalidade de abreviar a leitura. Além disso, algumas vezes se ilumina o significado religioso dos fatos históricos por meio de alguns textos tirados dos livros sapienciais, que se acrescentam em forma de proêmio ou de conclusão, a determinada série histórica.

No *Elenco das Leituras da Missa* para os dias de semana do Próprio do Tempo entram quase todos os livros do Antigo Testamento. Omitiram-se unicamente alguns livros proféticos muito breves (Abdias, Sofonias) e um livro poético (o Cântico dos Cânticos). Entre aquelas narrações escritas com uma finalidade exemplar, que exigem uma leitura bastante extensa para que se entendam, lêem-se os livros de Tobias e de Rute; os outros são omitidos (Ester, Judite). Não obstante, encontram-se alguns textos deste livro nos domingos e nos dias de semana de outros tempos.

A tabela III, que figura mais adiante,[4] indica a distribuição em dois anos dos livros de ambos os Testamentos nos dias de semana do Tempo Comum.

No final do ano litúrgico lêem-se os livros que estão em consonância com a índole escatológica deste tempo, a saber, Daniel e o Apocalipse.

---

[4] Cf., a seguir, tabela III, pp. 115.

CAPÍTULO VI
ADAPTAÇÕES, TRADUÇÕES PARA A LÍNGUA VERNÁCULA E INDICAÇÕES DO ELENCO DAS LEITURAS DA MISSA

1. ADAPTAÇÕES E TRADUÇÕES

111. Na assembléia litúrgica, a Palavra de Deus deve ser proclamada sempre, ou com os textos latinos preparados pela Santa Sé ou com as traduções em língua vernácula aprovada para o uso litúrgico pelas Conferências Episcopais, segundo as normas vigentes.[1]

---

[1] Cf. CONSELHO PARA A EXECUÇÃO DA CONSTITUIÇÃO SOBRE A SAGRADA LITURGIA, Instr. *De popularibus interpretationibus conficiendis*, de 25 de janeiro de 1969. *Notitiae* 5 (1969), pp. 3-12; *Declaratio circa interpretationes textuum liturgicorum "ad interim" paratas! Notitiae* 5 (1969), p. 69; SAGRADA CONGREGAÇÃO PARA O CULTO DIVINO, *Declaratio de interpretatione textuum liturgicorum. Notitiae* 5 (1969), pp. 333-334 (cf. também *responsiones ad dúbia. Notitiae* 9 (1973), pp. 153-154); *De unica interpretatione textuum liturgicorum. Notitiae* 6 (1970), pp. 84-85; SAGRADA CONGREGAÇÃO PARA OS SACRAMENTOS E O CULTO DIVINO, *Epistula ad Praesides Conferentiarum Episcopalium de linguis vulgaribus in S. Liturgiam inducendis. Notitiae* 12 (1976), pp. 300-302.

111-118. *Tradução e adaptações do OLM*

Trata-se de normas e orientações para os editores e os responsáveis das traduções em cada língua.

Exige-se, antes de tudo (n. 111), que se proclame sempre a Palavra de Deus em uma tradução digna e aprovada. E são citados em nota diversos documentos a respeito: a instrução *De popularibus interpretationibus conficiendis*, de 1969; a *Declaratio circa interpretationes textuum liturgicorum "ad interim" paratas!* (*Notitiae* 5 [1969], p. 69; cf. também *Notitiae* [1969], pp. 333-334.153-154); *De unica interpre-*

112. O Lecionário da missa deve ser traduzido integralmente, sem excetuar a introdução, em todas as suas partes. Se a Conferência Episcopal considerar necessário e oportuno introduzir algumas acomodações, estas devem obter antes a confirmação da Santa Sé.[2]

113. Devido ao tamanho do Lecionário, as edições dele constarão necessariamente de vários volumes, acerca dos quais não se prescreve nenhum gênero de divisão. Cada volume deverá incluir os textos em que se explicam a estrutura e a finalidade da parte correspondente.

Recomenda-se o antigo costume de editar separadamente o livro dos Evangelhos e das outras leituras do Antigo e do Novo Testamento.

Mas, caso se julgue conveniente, poder-se-á editar separadamente o Lecionário dominical — no qual se poderá incluir uma seleção do santoral — e o Lecionário ferial. O dominical poderá ser dividido acertadamente segundo o ciclo dos três anos, de modo que em cada ano se tenha tudo em seqüência.

Onde se encontrar alguma distribuição que pareça mais apta para o uso pastoral, há liberdade para pô-la em prática.

114. Juntamente com as leituras devem colocar-se sempre os textos dos cantos; mas é permitido fazer livros que conte-

---

[2] Cf. SAGRADA CONGREGAÇÃO PARA O CULTO DIVINO, Instrução *Liturgicae instaurationes*, de 5 de setembro de 1970, n. 11, in AAS 62 (1970), pp. 702-703; *Instrução Geral sobre o Missal Romano*, n. 325.

---

tatione textuum liturgicorum (*Notitiae* [1970], pp. 84-85); *Epistula ad Praesides Conferentiarum Episcopalium de linguis vulgaribus in S. liturgiam inducendis* (*Notitiae* [1976], pp. 300-302); instrução *Liturgicae instaurationes*, de 1970, n. 11.

No número 113, volta a ser recomendada a edição à parte dos Evangeliários, dos quais o OLM 36 já havia falado. Aqui se usa a expressão "commendatur", quando antes apenas se dizia "non excluditur".

VI — Adaptações, Traduções e Indicações

nham somente os cantos. Recomenda-se que se imprima o texto dividido em estrofes.

115. Sempre que a leitura conste de partes diversas, essa estrutura do texto deverá manifestar-se claramente na disposição tipográfica. Recomenda-se também que os textos, inclusive os não-poéticos, se imprimam em forma de verso, para facilitar a proclamação das leituras.

116. Quando uma mesma leitura apresenta as formas longa e breve, convém colocá-las separadamente, para que se possa ler com facilidade uma e outra; mas se essa separação não parecer oportuna, deve-se encontrar a maneira mais conveniente para que um e outro texto possam ser proclamados sem erro.

117. Nas traduções em línguas vernáculas não se deve omitir o título que precede o texto. A esse texto pode-se acrescentar, caso se julgue oportuno, uma admoestação que explique o sentido geral da perícope, com algum sinal adequado ou com caracteres tipográficos distintos, para que se veja claramente que se trata de um texto opcional.[3]

118. Em cada volume se acrescentará, oportunamente, um índice bíblico das perícopes, como se encontra no *Elenco das Leituras da Missa*,[4] para que se possam encontrar com facilidade nos Lecionários da missa os textos necessários ou úteis para determinadas ocasiões.

---

[3] Cf. *Instrução Geral sobre o Missal Romano*, nn. 11.29.68a.139.

[4] Cf. *Elenco das Leituras da Missa*, 2. edição típica (Tipografia Poliglota Vaticana, 1981), pp. 453-458.

2. INDICAÇÕES PARA CADA LEITURA EM PARTICULAR

Propõe-se para cada leitura a indicação do texto, do título e as palavras iniciais, com relação aos quais se deve observar o seguinte:

a) Indicação do texto

119. A indicação do texto (isto é, do capítulo e dos versículos) dá-se sempre segundo a edição da nova Vulgata, excetuando os salmos;[5] às vezes se acrescenta uma indicação ao texto original (hebraico, aramaico ou grego), sempre que houver discrepância. Nas traduções em língua vernácula, de conformidade com o que decretar a autoridade competente em cada língua, pode-se seguir a numeração que corresponde à versão aprovada pela mesma autoridade para o uso litúrgico. Mas convém que haja sempre uma cuidadosa indicação dos capítulos e versículos, que se colocará também dentro do próprio texto à margem dele, quando isso se julgar oportuno.

120. Daí se segue que nos livros litúrgicos deve haver a "indicação" do texto, que se deve ler na celebração, e que não se coloca no *Elenco das Leituras da Missa*. Essa indicação se fará segundo as seguintes normas, que podem ser modificadas por

---

[5] O número dos salmos é indicado na ordem que se encontra no livro dos Salmos que a Pontifícia Comissão para a Nova Vulgata editou no ano de 1969 na Tipografia Poliglota Vaticana.

119-125. *Normas para a edição dos textos*

Seguem as orientações para os que preparam as edições do Lecionário.

No número 119 se indica em nota que "a numeração dos Salmos corresponde a que se encontra em *Liber Psalmorum*" da edição da Nova Vulgata, de 1969.

decisão das autoridades competentes, segundo os costumes e conveniências de cada lugar ou de cada língua:

121. 1) Dir-se-á sempre "Leitura do livro..." ou "Leitura da Carta", ou "Proclamação do santo Evangelho", e não "Princípio" (a não ser que em alguns casos especiais pareça oportuno), ou "Continuação".

122. 2) Conservar-se-á o uso tradicional quanto ao *nome dos livros*, excetuando os seguintes casos:

a) Quando houver dois livros do mesmo nome se dirá "Primeiro Livro" e "Segundo Livro" (por exemplo, dos Reis, dos Macabeus) ou então "Primeira Carta", "Segunda Carta".

b) Empregar-se-á o nome mais usado na atualidade nos seguintes livros:

"Primeiro e Segundo Livro de Samuel", em vez de Primeiro e Segundo Livro dos Reis;

"Primeiro e Segundo Livro dos Reis", em vez de Terceiro e Quarto Livro dos Reis;

"Primeiro e Segundo Livro das Crônicas", em vez de Primeiro e Segundo Livro dos Paralipômenos;

"Livros de Esdras e Neemias", em vez de Primeiro e Segundo Livro de Esdras.

c) É preciso distinguir entre si os livros sapienciais, com os seguintes nomes: Livro de Jó, dos Provérbios, do Eclesiastes ou Coélet, do Cântico dos Cânticos, da Sabedoria, do Eclesiástico ou Sirac.

d) Quanto aos livros que na nova Vulgata figuram entre os profetas, se dirá: "Leitura do Livro de Isaías, de Jeremias, de Baruc" e "Leitura da Profecia de Ezequiel, Daniel, Oséias... de Malaquias", inclusive naqueles livros que alguns consideram não verdadeiramente proféticos.

e) Dir-se-á "Lamentações" e "Carta aos Hebreus", sem mencionar Jeremias nem Paulo.

b) Título

123. Cada texto traz um *título* cuidadosamente estudado (formado quase sempre com palavras do mesmo texto), em que se indicam o tema principal da leitura e, quando for necessário, a relação entre as leituras da missa.

c) As palavras iniciais

124. As palavras iniciais são como de costume: "Naquele tempo", "Naqueles dias", "Irmãos", "Caríssimos", "Diz o Senhor". Omitem-se, quando no texto houver uma suficiente indicação de tempo ou de pessoas, ou quando pela própria natureza do texto essas palavras não forem oportunas. Nas traduções em línguas vernáculas, essas fórmulas poderão ser mudadas ou omitidas, por decisão das autoridades competentes.

Depois dessas palavras, vem o *começo da leitura* propriamente dito, tirando ou acrescentando algumas palavras segundo for necessário para entender o texto separado de seu contexto. No *Elenco das Leituras da Missa* dão-se as convenientes indicações quando o texto consta de versículos descontínuos, se isso obrigar a introduzir alguma mudança no texto.

d) Aclamação final

125. No final das leituras, para facilitar a aclamação do povo, convém colocar as palavras que o leitor pronuncia: "Palavra do Senhor", ou outras do mesmo teor, segundo os costumes de cada lugar.

APÊNDICE

Tabela II – Distribuição da segunda leitura nos domingos do Tempo Comum

Domingos	Ano A	Ano B	Ano C
2	1 Coríntios 1–4	1 Coríntios 6–11	1 Coríntios 12–15
3	"	"	"
4	"	"	"
5	"	"	"
6	"	"	"
7	"	2 Coríntios	"
8	"	"	"
9	Romanos	"	Gálatas
10	"	"	"
11	"	"	"
12	"	"	"
13	"	"	"
14	"	"	"
15	"	Efésios	Colossenses
16	"	"	"
17	"	"	"
18	"	"	"
19	"	"	Hebreus 11–12
20	"	"	"
21	"	"	"
22	"	Tiago	"
23	"	"	Filêmon
24	"	"	1 Timóteo
25	Filipenses	"	"
26	"	"	"
27	"	Hebreus 2–10	2 Timóteo
28	"	"	"
29	1 Tessalonicenses	"	"
30	"	"	"
31	"	"	2 Tessalonicenses
32	"	"	"
33	"	"	"

Tabela III – Distribuição da primeira leitura nos dias do Tempo Comum

Semana	Ano I	Ano II
2	Hebreus	1 Samuel
3	"	"
4	"	2 Samuel
5	"	2 Samuel; 1 Reis 1–16
6	Gênesis 12–50	2 Reis; Lamentações
7	"	Amós
8	"	Oséias; Isaías
9	Êxodo	Isaías; Miquéias
10		Miquéias; Jeremias
11	Êxodo; Levítico	Jeremias
12	Números; Deuteronômio	Jeremias; Naum; Habacuc
13	Deuteronômio; Josué	Ezequiel
14	Juízes; Rute	"
15	1 Tessalonicenses	2 Tessalonicenses; 1 Coríntios
16	1 Tessalonicenses; Colossenses	"
17	Colossenses; 1 Timóteo	"
18	1 Timóteo	"
19	Deuteronômio; Josué	Ezequiel
20	Juízes; Rute	"
21	1 Tessalonicenses	2 Tessalonicenses; 1 Coríntios
22	1 Tessalonicenses; Colossenses	"
23	Colossenses; 1 Timóteo	"
24	1 Timóteo	"
25	Esdras; Ageu; Zacarias	Provérbios, Eclesiastes
26	Zacarias; Neemias; Baruc	Jó
27	Jonas; Malaquias; Joel	Gálatas
28	Romanos	Gálatas; Efésios
29	"	Efésios
30	"	"
31	"	Efésios; Filipenses
32	Sabedoria	Tito; Filêmon; 2 e 3 João
33	1 e 2 Macabeus	Apocalipse
34	Daniel	"

EXEMPLOS CONCRETOS PARA A COMPREENSÃO DO LECIONÁRIO

1. OS DOMINGOS DA QUARESMA (CICLO A)

José Aldazábal

Nosso caminho à Páscoa abarca seis semanas, incluindo os cinco domingos da Quaresma e o de Ramos ou Paixão.

As leituras bíblicas da Eucaristia nestes domingos têm uma organização bastante razoável, que faremos bem em ter presente na hora da homilia. Nesse tempo forte, junto com a Páscoa, deveríamos nos considerar mais motivados e ansiosos do que nunca para uma pregação mais preparada e em geral para algumas celebrações mais cuidadas.

UMA HISTÓRIA DA SALVAÇÃO QUE CONTINUA

A série de *primeiras leituras* nos apresenta seis etapas da história da salvação vistas em uma dinâmica de unidade interna.

No ano do ciclo A as seis etapas, que correspondem a outros tantos momentos-chave da história, são vistas em sua perspectiva mais primordial (no ciclo B se voltam a ler a partir da chave da "aliança", e no C, a partir da perspectiva do "culto"):

1. a *criação* cósmica e o primeiro pecado de Adão e Eva;

2. a vocação de *Abraão*, que dá início ao povo escolhido;

3. a caminhada de *Israel* através do deserto, caminho da liberdade plena, com o episódio da água da rocha;

4. a unção de *Davi* como rei desse povo;

5. a visão do *profeta* Ezequiel: dos ossos sairá vida;

6. o *Servo de Iahweh* que se entregará para salvar a todos.

São seis momentos que podem ser considerados como a base da catequese e da compreensão de toda a história, tanto do AT quanto do NT: o mistério de Cristo, e depois o da Igreja, são o cumprimento pleno e a aplicação a nós das próprias chaves salvadoras que Deus manifestou desde o princípio.

Isso nos ensina a olhar a história — e, portanto, nosso caminho quaresmal e pascal — não tanto do ponto de vista do que nós somos capazes de fazer, mas mais da iniciativa que Deus teve e continua tendo no processo de nossa salvação. Todas as passagens têm este denominador comum: Deus nos salva. Ao criar o mundo, ao escolher um povo, ao apoiá-lo em sua caminhada para a liberdade, ao suscitar para ele um rei de acordo com seu coração, ao mostrar-lhe sua proximidade por meio dos profetas e ao lhe anunciar o Servo que vai se entregar por todos, o que mais claramente se vê é a vontade salvadora de Deus.

Não são desejos de viver de recordações. Essa história antiga — desde a criação até o anúncio do Servo —, que já era viva e palpitante no AT, continua hoje mais viva e atual do que nunca, para nós, agora com a perspectiva de Jesus Cristo e sua Páscoa.

Na Vigília Pascal percorreremos de novo a história da salvação, começando pelo relato da criação e terminando com a proclamação alegre da Ressurreição de Cristo, a nova e definitiva criação, na qual nós estamos agora mergulhados, revivendo-a e experimentando-a.

O MODELO VIVENTE: JESUS CRISTO E SUA PÁSCOA

Os Evangelhos, por sua vez, têm nesses domingos também uma coerência unitária, com um claro matiz cristológico, que ao mesmo tempo nos aponta o caminho para a Páscoa:

1. a *tentação* e a vitória de Cristo contra o mal;

2. a *transfiguração* de Jesus como protótipo de nosso destino pascal de transformação e vida;

3. *Cristo como água* que sacia a sede da humanidade, no colóquio com a samaritana;

4. Cristo como *luz* que ilumina nosso caminho, segundo o simbolismo da cura do cego;

5. Cristo como *vida* verdadeira, na ressurreição de Lázaro;

6. Cristo, o *Servo* de Iahweh, em sua *paixão* e *morte*.

1. Os Domingos da Quaresma (Ciclo A)

Nos primeiros dois domingos lemos, por tradição e nos três ciclos, o Evangelho das tentações e o da transfiguração: no ano A seguindo Mateus. Do terceiro ao quinto domingo escutamos os três Evangelhos de João tipicamente "batismais", com o simbolismo da água, da luz e da vida: as passagens do "eu sou", título que pode ser aplicado no ano A aos dos seis domingos, claramente cristológicos. No último domingo, o da Paixão ou Ramos, sempre proclamamos a Paixão do Senhor segundo o evangelista do ano, Mateus no ano A.

O caminho de Jesus no cumprimento de sua missão. Caminho de luta e de cruz, mas também de vida e de triunfo. Guia e modelo para o nosso, feito também de luta e de páscoa, de cruz e de vida. Desde o batismo participamos no destino pascal de Cristo: mas cada ano, nos três meses da Quaresma e da Páscoa — um único processo de morte e ressurreição — revivemos este caminho em nossa própria existência.

A PÁSCOA DE CRISTO DEVE SER NOSSA PÁSCOA

As *segundas leituras* dos domingos da Quaresma não têm uma continuidade interna entre si.

Algumas vezes fazem eco à primeira, como no primeiro domingo, no qual Paulo opõe à queda do primeiro Adão a vitória e a graça do novo e definitivo Adão, Jesus Cristo. Outras vezes, a segunda leitura antecipa a mensagem do Evangelho, como no quarto domingo, no qual Paulo nos convida a viver como filhos da luz antes já de ser mencionado o relato da iluminação do cego por Jesus.

Essas passagens apostólicas querem aplicar a nossa vida, pessoal e comunitária, a mensagem das outras leituras, convidando-nos a que a história de Israel e a de Cristo sejam também nossa própria história de salvação.

De certa forma, as segundas leituras dos domingos da Quaresma são elas próprias a *homilia* de toda a liturgia da Palavra.

UM BOM PROGRAMA DA QUARESMA-PÁSCOA

Seis semanas para "subir a Jerusalém" e iniciar a Páscoa, e sete semanas para amadurecê-la e celebrá-la. Com o olhar posto já desde o princípio no Tríduo central e na plenitude da Páscoa: o dia de Pentecostes.

É tempo de conversão pascal para toda a comunidade. De catecumenato. De formação permanente. De exercícios espirituais. Com uma "disciplina" básica: assimilar a Páscoa do Senhor para que seja também nossa Páscoa neste ano de graça. Um tempo para repassar e reafirmar as raízes de nossa identidade cristã.

O modelo não é a história, nem um livro santo. Não fazemos arqueologia nem revisão catequética. O modelo é a pessoa vivente do Senhor, Jesus Cristo, que percorreu seu caminho de Páscoa, que está na nova existência gloriosa, e a partir dela está ao nosso lado, como modelo e fonte de vida para nós. As leituras da Eucaristia nos ajudam a contemplar de muito perto esse modelo vivente, por um lado já anunciado no AT pelas vicissitudes de Israel, e, por outro, prolongado agora pela história palpitante da comunidade cristã, ou seja, por nós. Salvação em três dimensões.

Essa perspectiva se torna ainda mais completa (poderíamos dizer que "estereofônica") se além disso contamos com as leituras bíblicas que nos oferece a *Eucaristia diária*, e também a *Hora de Leitura* da Liturgia das Horas (por exemplo, nessas leituras seguiremos, durante quatro semanas, a história de Israel no livro do Êxodo, e as duas últimas, a apresentação que a Carta aos Hebreus faz de Cristo e de seu sacerdócio pascal).

2. OS DOMINGOS DA QUARESMA (CICLO B)

J. Lligadas

Como nos demais tempos "fortes" — Advento, Natal, Páscoa —, a pregação do tempo da Quaresma não se baseia apenas — como acontece nos domingos comuns — nas leituras concretas de cada domingo, mas deve levar em conta *o sentido global do tempo*, a partir do qual fica iluminado o sentido do que se lê cada domingo.

O tom da Quaresma, nos três ciclos, é dado sempre pelas *primeiras leituras* e pelos *Evangelhos*, que constituem as duas linhas básicas da pregação.

As segundas leituras servem como complemento reflexivo e teológico das demais, se bem que não seja descartável utilizá-las alguma vez como ponto de partida da homilia. Nos dois primeiros domingos, as segundas leituras se relacionam antes com a primeira leitura, enquanto nos restantes se relacionam mais com o Evangelho.

Outro elemento do Lecionário a se levar em conta é o *salmo responsorial*, que sobretudo no tempo da Quaresma ajuda a encontrar o espírito contemplativo necessário diante das leituras proclamadas. Será oportuno cuidar, portanto, para que o salmo seja recitado ou cantado sempre na íntegra, acompanhado do canto da antífona adequada. Da mesma maneira, a segunda leitura e o Evangelho não sejam lidos seguidos, sem transição; embora, em expectativa da alegria pascal, não se cante o aleluia, convém não deixar de lado *a aclamação de antes do Evangelho*.

AS LEITURAS DO ANTIGO TESTAMENTO: A ALIANÇA

Nos três ciclos, as leituras do Antigo Testamento apresentam *as grandes etapas da história da salvação*, entendidas como vários momentos da intervenção de Deus na história que culmina com a intervenção definitiva no mistério pascal de Jesus Cristo.

Com esta idéia de fundo, é importante que a pregação a partir destas leituras (ou as referências que se façam a elas) leve em conta a citada linha: não pode ser uma pregação anedótica, como se fossem figuras de "história sagrada". Devemos conseguir uma pregação que apresente esta história *como um progresso para o momento culminante*, ou seja, uma pregação profundamente "cristã" para mostrar que as etapas da história adquirem seu sentido e sua plenitude na etapa final.

No ciclo B, as leituras veterotestamentárias têm, em geral, como tema de fundo *a aliança de Deus com os homens*: a aliança que começa com o mundo inteiro, o mundo do homem, a aliança que se concretiza no povo de Israel, a aliança que se converte em anúncio de renovação universal, a aliança que se realiza em uma pessoa, Jesus Cristo, o Servo de Deus. Os passos são estes:

1. A narração legendária da *aliança com Noé* nos situa na primeira dimensão do amor de Deus: o mundo inteiro em que vive o homem é o primeiro sinal da fidelidade de Deus, a primeira aliança é uma aliança cósmica. O salmo canta a bondade de Deus (assinalada especialmente no versículo de resposta) e pede para continuar os caminhos desta bondade. A segunda leitura explica o batismo a partir da imagem da salvação da água do dilúvio.

2. Na cena do *sacrifício de Abraão* entramos em uma dimensão mais profunda das relações Deus-homem. Dessa relação sairá um povo que será fonte de bênção universal: a resposta fiel de Abraão será transcendida pela promessa gratuita de Deus. O salmo canta o amor de Deus que não deseja a morte, mas oferece constantemente, gratuitamente, vida. E a segunda leitura apresenta a figura do Filho crucificado: é o próprio Deus quem entrega seu próprio Filho.

3. *A Lei*. Deus concretiza assim sua relação com o povo que escolheu e libertou da escravidão. A aliança de Deus com seu povo se converterá em um chamado a um estilo de vida, a alguns comportamentos básicos de boa convivência. O salmo cantará o valor desta lei.

4. A aliança de Deus com seu povo chegará a um *momento de crise dramática* quando Israel esquecerá o mais profundo desta aliança: a fidelidade a Deus no interior do seu coração. O desterro será

o lugar de purificação, e Deus renovará seu amor com o regresso do povo à terra prometida. O salmo — talvez um dos mais belos do saltério — nos faz viver os sentimentos do povo deportado.

5. Jeremias, mais além da história difícil do povo, anuncia *uma nova aliança*. Uma aliança que voltará a ser, como com Abraão, relação pessoal com os homens, mudança do coração de todo homem, mais além de todo povo visível, mais além de toda lei escrita. O salmo, a partir da consciência da fragilidade de toda realidade humana, pede ao Senhor este coração novo.

6. A aliança de Deus chega a sua plenitude: Jesus é quem viverá de modo pleno, total, absolutamente fiel, a união com Deus. E o cântico do *Servo de Iahweh* que lemos nesse Domingo de Ramos mostra como a aliança se realiza plenamente na entrega pessoal até a morte. O salmo faz reviver a experiência de abandono que Jesus viveu em sua morte, e termina com o louvor àquele que prometeu, através deste caminho de dor, salvação e vida.

AS LEITURAS DO EVANGELHO: JESUS, ENTREGUE À MORTE, FONTE DE VIDA PARA TODO HOMEM

Como já se sabe, as leituras evangélicas da Quaresma se apresentam em três etapas. A primeira é formada pelos *dois primeiros domingos*, nos quais se lêem os fragmentos das tentações e a transfiguração de Jesus, em cada ciclo segundo o evangelista correspondente. A segunda etapa compreende os *domingos terceiro*, *quarto* e *quinto*, e se lêem variados temas de catequese tendo em vista a Páscoa, que este ano apresenta diretamente o mistério da morte e ressurreição de Jesus. E a terceira etapa é o *Domingo de Ramos*, no qual a leitura da Paixão fixa o olhar no caminho concreto de Jesus que sobe à cruz.

1. Os dois primeiros domingos são sempre um pano de fundo de toda a Quaresma: as *tentações* apresentam a vida inteira de Jesus como luta contra o mal; a *transfiguração* anuncia que a culminação desta luta, sua morte, será realmente uma vitória, embora pareça o contrário. No ciclo B, no entanto, convém indicar duas características: as tentações, que não são explicadas uma por

uma, unem-se ao chamado que Jesus faz aos que querem segui-lo; na transfiguração se destaca fortemente a incompreensão dos discípulos antes do anúncio da ressurreição.

2. Os três domingos seguintes são três catequeses sobre o mistério pascal: três cenas da vida de Jesus, as quais acompanha como complemento reflexivo à segunda leitura. No *terceiro domingo*, Jesus declara a abolição do templo visível de Jerusalém, e se apresenta a si mesmo, ressuscitado dentre os mortos, como lugar de encontro entre Deus e o homem (segunda leitura: o lugar de encontro é um homem crucificado, sem sinais prodigiosos, sem sabedoria humana). *O quarto domingo* apresenta a morte-ressurreição como glorificação (duplo sentido de "elevar"), e como marca definitiva do amor de Deus pelo mundo: um dom absoluto de salvação, que consegue todo aquele que busca a luz, todo aquele que acredita (segunda leitura: o amor de Deus, que nos salvou por graça, dando-nos a vida em Cristo). *No quinto domingo*, a imagem do grão de trigo apresenta um traço básico do mistério pascal: a vida brota a partir da morte, uma morte física, muito real; e tudo prepara já para a "hora", a hora da morte, que será a hora da glorificação e da vitória sobre o "Príncipe deste mundo" (segunda leitura: o realismo desta morte, os gritos e lágrimas que Deus escuta não evitando a morte, mas convertendo-a em fonte de salvação).

3. O último domingo da Quaresma, o Domingo de Ramos, centra-se todo ele na *paixão segundo Marcos*, o relato mais rápido e básico, talvez o mais primitivo dos que a comunidade cristã ouviu e escreveu sobre o Acontecimento que lhe dera origem: Jesus, o homem, vive toda a dor humana da morte. E, na morte, a profissão de fé dos pagãos: "Realmente este homem era Filho de Deus". A segunda leitura, o conhecido hino de Filipenses, será uma meditação-proclamação sobre essa profissão de fé.

3. OS DOMINGOS DA QUARESMA (CICLO C)

J. Lligadas

Confira as observações gerais sobre o Lecionário da Quaresma na seção anterior, correspondente ao ciclo B.

AS LEITURAS DO AT: "UMA" HISTÓRIA

No ciclo C, as leituras veterotestamentárias apresentam a história da salvação sob o prisma do *culto*:

D.1: O núcleo da fé de Israel, apresentado como memorial litúrgico (o culto se fundamenta na história e não na pura religiosidade) (*Deuteronômio 26,4-10*).

D.2: A aliança ritual de Iahweh com Abraão, com a promessa da terra e da descendência inumerável (*Gênesis 15,5-12.17-18*).

D.3: O êxodo, momento central da história de Israel, através da missão de Moisés e a revelação do nome de Deus (*Êxodo 3,1-8a. 13-15*).

D.4: A entrada na terra prometida, com a celebração alegre da nova Páscoa (notar o caráter sacramental do texto, reassumido no salmo responsorial) (*Josué 5,9a.10-12*).

D.5: Etapa profética: o anúncio do retorno do exílio (recolhida também no salmo) se converte em anúncio de um novo e maravilhoso êxodo de ressonâncias messiânicas. (*Isaías 43,16-21*).

D.6: A entrega existencial do Servo de Iahweh (*Isaías 50,4-7*).

SEIS LEITURAS DE SÃO PAULO

As leituras do ciclo C são: 1) O núcleo da fé cristã, base do itinerário da Quaresma. O tema se relaciona com a primeira leitura, na qual aparecia o núcleo da fé israelita. 2) Necessidade de viver como "transfigurados" (conexão com o Evangelho) para estar de acordo com a salvação recebida e com a esperança que professamos. 3) Exortação moralizante a partir do tema do êxodo, apresentando a salvação em Cristo como um novo êxodo ao qual se deve unir. 4) Cristo, o grande "reconciliador" que encarregou aos apóstolos a expansão da mensagem da reconciliação. 5) O dinamismo da vida cristã é o dinamismo pascal de transformação-incorporação a Cristo (tema paralelo ao do segundo domingo, mas com um tom mais pessoal-moral). 6) Cristo no mistério de sua renúncia e de sua glorificação.

AS LEITURAS DO EVANGELHO: DOIS MAIS TRÊS MAIS UM

Como já é conhecido, as leituras evangélicas da Quaresma até o Domingo de Ramos se apresentam em *duas etapas*. A primeira — formada pelos dois primeiros domingos, nos quais são lidos os fragmentos das tentações e a transfiguração de Jesus, seguindo em cada ciclo o evangelista correspondente — tem um sentido de *pórtico* e *pano de fundo* da totalidade do tempo. E a segunda etapa — formada pelos três domingos seguintes — tem *temas de catequese sacramental*.

Na terceira, o Domingo de Ramos, proclama-se a paixão segundo Lucas.

Os relatos das tentações e da transfiguração (domingos 1 e 2) segundo Lucas apresentam algumas peculiaridades que merecem destaque. Em primeiro lugar, *o tema do "tempo" de Jesus, seu mistério pascal*: neste sentido, tanto as tentações quanto a transfiguração ficam muito explicitamente referidas à paixão e à ressurreição ("o demônio foi até outra ocasião"; "falavam de sua morte"). Em segundo lugar, o tema de *Jerusalém como centro da história, de Cristo e da Igreja*: Lucas muda a ordem das tentações e coloca a última em Jerusalém; na transfiguração se fala do "que ia se consumar em Jerusalém". Esse tema, rico de simbolismo teológico, impregna todo o Evangelho de Lucas.

Os três Evangelhos de catequese sacramental (domingos 3, 4 e 5), que classicamente eram ocupados pelos três textos batismais que agora são lidos no ciclo A, no ciclo C, centram-se na *temática da conversão* e *da misericórdia divina*, típicos de Lucas. São concretamente, no terceiro domingo, um chamado de Jesus Cristo à conversão; no quarto, a parábola do Pai Misericordioso que acolhe a todos os filhos (o "filho

3. Os Domingos da Quaresma (Ciclo C)

pródigo"); no quinto, em um texto de João de estilo lucano, a imagem de Jesus misericordioso para com os pecadores ("a adúltera"). Ao pregar esses textos, deverá se evitar convertê-los em exortações moralizantes: trata-se de destacar que Deus oferece sua misericórdia (pelo mistério pascal de Jesus Cristo, tornado presente nos sacramentos) e a esta oportunidade deve responder: *agora* é o tempo favorável...

No ciclo C a Paixão de Cristo é proclamada a partir do Evangelho do ano, são Lucas.

4. QUARESMA: PRIMEIRAS LEITURAS DOMINICAIS (CICLO C)

P. Tena

A leitura do Antigo Testamento, nas missas dominicais da Quaresma, oferece uma unidade interna e sistematizada. Trata-se de repassar a cada ano as etapas do itinerário da história salvífica (as origens, Abraão, Moisés e o Êxodo, Davi e o reino, os profetas). Em função dessas etapas são selecionadas as leituras, de acordo com uma mesma linha temática, relacionada a princípio com o tema fundamental do evangelista que domina o ciclo, são Lucas no ciclo C.

O tema do ciclo C é a *significação do povo de Israel na história santa*: sua fé, seu caminho, sua liturgia. Entende-se que o Lecionário quis acentuar, com essa seleção, um dos temas fortes da teologia lucana: o povo de Israel é a pedagogia para Jesus Cristo e a Igreja; é o tempo antes de Jesus Cristo, enquanto Jesus Cristo é o centro do tempo. A história é um caminho que leva de Israel para Cristo, é um êxodo. O próprio Cristo quis experimentar a realidade do caminho em sua subida até Jerusalém, onde devia ser levado ao Pai (seção central do Evangelho de Lucas). A Igreja continua caminhando, proclamando o reino de Deus por todos os caminhos do mundo até que o Senhor volte para levá-la com ele.

A coerência entre essa temática e a Quaresma é evidente. Os Evangelhos tirados de Lucas nestas semanas destacam a *necessidade de refazer constantemente o caminho da conversão, como programa de preparação para a Páscoa*.

***

A organização interna das cinco leituras dominicais (o sexto domingo é o da Paixão, e a cada ano se lê, para introduzir a leitura evangélica, o fragmento referente ao Servo de Deus paciente, dos cânticos de Isaías) se realiza deste modo:

A leitura do *primeiro domingo* — domingo das origens — não é tomada dos onze primeiros capítulos do Gênesis — como nos ciclos

4. Quaresma: Primeiras Leituras Dominicais (Ciclo C)

A e B —, mas se lê a fórmula de profissão de fé que o Deuteronômio propõe ao israelita no momento de oferecer as primícias. É uma fórmula que nada tem de abstrato; tudo é alusão à história de amor de Deus para um povo "errante". É também um texto das "origens", no sentido das "raízes". A fé de Israel se apóia na memória, e o ato de culto — a oferenda das primícias — é sua conseqüência. O povo de Israel tem sentido por causa da fé. A Igreja, de modo especial, também só tem sentido por causa da fé. E a fé é, fundamentalmente, memória vivida da acolhida da iniciativa de Deus para com o homem. Para renovar essa acolhida celebramos a Quaresma.

A leitura do *segundo domingo* está centrada na figura de Abraão. Nessa ocasião, Abraão é apresentado como pai dos fiéis, e por isso depositário do futuro. Memória e promessa — fé e esperança — se configuram em Israel como os dois grandes pólos nos quais se desenvolve sua dinâmica interna. Um caminho é exatamente isso.

Israel não anda este caminho sozinho, por conta própria; é Deus quem toma a iniciativa. O episódio do *terceiro domingo* — a revelação do nome de Deus a Moisés e a missão para o povo — é o momento mais decisivo da revelação da presença de Deus. É necessário que o povo saia para a liberdade, "com mão poderosa e braço estendido" (Salmo 135,12). Deus conduz o povo, por meio de Moisés, seu servo. Pressentem-se as leituras da Vigília Pascal. O êxodo iniciado na Páscoa do Egito terminará quando o povo participar, depois da travessia do Jordão, dos frutos da terra prometida. A primeira Páscoa no chão de Jericó é todo um símbolo de possessão e de liberdade no gozo do dom de Deus (leitura do *quarto domingo*).

E, no entanto, o êxodo de Israel não é a maior coisa que Deus pode realizar para os homens, nem a terra prometida é a possessão de Deus em plenitude. Há coisas ainda mais maravilhosas. O profeta Isaías as anuncia com entusiasmo na leitura do *quinto domingo*. É o anúncio de Cristo e do novo povo de Deus que deve nascer desse êxodo de Jesus para o Pai, que deve acontecer em Jerusalém. Definitivamente, é o anúncio do mistério pascal.

5. OS DOMINGOS DA PÁSCOA (CICLO B)

J. Lligadas

As leituras dos domingos da Páscoa apresentam uma linha própria cada uma delas, sem se relacionar entre si (se existe relação, será casual, não buscada expressamente).

Todo ano a *primeira leitura* é dos Atos dos Apóstolos, pois no Tempo da Páscoa a Igreja não quer voltar o rosto para trás, para a preparação da vinda do Senhor (o Antigo Testamento), mas apenas quer olhar para a frente, para os frutos que o mistério pascal de Jesus Cristo produziu. Igualmente, todo ano, o *Evangelho* é uma seleção de textos basicamente de são João, que ajudam a saborear o sentido da Páscoa do Senhor, mais algum outro relato de aparições, tirado de algum dos sinóticos. E finalmente, a *segunda leitura* destaca aspectos da vida cristã, fruto da Páscoa e do batismo: este ano, estes aspectos são refletidos a partir da Primeira Carta de são João.

Diferentemente do Tempo da Quaresma, no qual os diferentes temas que vão aparecendo ficam bastante delimitados, as leituras da Páscoa dão antes a sensação de temas repetitivos, de idéias muito parecidas que se matizam em vários tons. Isso é em parte verdade (e mais verdade ainda nas leituras de semana desse tempo). E precisamente por isso é especialmente conveniente olhar de modo atento as leituras que serão lidas ao longo desses domingos e ver quais aspectos concretos serão destacados a cada domingo na homilia, a fim de não se *pregar, na prática, cada domingo a mesma coisa*.

Finalmente, convém notar que quando se celebra a *Ascensão* no domingo, o sétimo domingo desaparece. E para evitar que as leituras desse domingo deixem de ser lidas (sobretudo o Evangelho do cap. 17 de João), o Lecionário prevê que possam ser lidas no sexto domingo. Neste ano se propõe o seguinte: no quinto domingo, ler unidos, no Evangelho, os fragmento do quinto e do sexto domingos (são dois fragmentos seguidos do cap. 15 de João); e no sexto domingo ler o Evangelho que corresponderia ao sétimo domingo.

AS LEITURAS DOS ATOS DOS APÓSTOLOS

As primeiras leituras do Tempo da Páscoa, tiradas dos Atos dos Apóstolos, apresentam diferentes momentos da primeira Igreja, desde as primeiras pregações em Jerusalém até a chegada da fé aos pagãos. No ciclo B, essas leituras estão especialmente marcadas pela *figura de Pedro*, o apóstolo do qual Marcos foi discípulo: os primeiro, terceiro, quarto e sexto domingos lemos discursos seus.

No primeiro domingo se lê a cada ano a mesma leitura, o querigma fundamental do apóstolo Pedro: a vida de Jesus, sua morte, a ressurreição, seu senhorio universal, a libertação definitiva do pecado, o testemunho dos apóstolos. O salmo responsorial são fragmentos do 117, que repetiremos com freqüência nestes domingos: "Este é o dia que o Senhor fez para nós".

No segundo domingo, cada ano se lê um dos três sumários que se encontram no início dos Atos e que narram a vida da primeira comunidade. No deste ano se destacam sobretudo dois aspectos que são testemunhos da ressurreição: a unidade, que tem como conseqüência que não haja pobres, e os milagres dos apóstolos. O salmo, tirado novamente do 117, canta com mais insistência as façanhas do Senhor e proclama de novo a vitória sobre a morte, a vitória da pedra rejeitada, no "dia em que atuou o Senhor".

O terceiro e quarto domingos apresentam dois discursos de Pedro a partir da cura do paralítico que estava sentado na porta do templo. No *terceiro* domingo, o discurso se dirige ao povo e apresenta a glorificação de Jesus como obra de Deus de Israel e realização das promessas proféticas, ao mesmo tempo em que se converte em um chamado ao arrependimento e à conversão (o salmo é então um convite à confiança de Deus). No *quarto* domingo, o discurso é aos magistrados do povo que interrogavam Pedro, e é uma proclamação de como Deus tão-somente dá a salvação precisamente por meio daquele que os magistrados do povo rejeitaram e mataram (o Salmo 117 volta a ser então louvor, porque a pedra rejeitada venceu).

Com o quinto domingo mudamos de cenário: entra em cena Saulo, apresentado por Barnabé. É uma leitura proveitosa, que faz intuir a expansão do Evangelho por todos os cantos da terra, tal como canta o salmo. E, finalmente, *o sexto domingo* apresenta a primeira realidade dessa chegada do Evangelho aos pagãos: a conversão e o batismo do centurião Cornélio, cantada também com um salmo que proclama a salvação até os confins da terra.

Os dois últimos domingos são a Ascensão e Pentecostes, e suas primeiras leituras voltam ao princípio do livro dos Atos, com os relatos respectivos destes acontecimentos. Os salmos serão também típicos das duas festas: o Salmo 46 na Ascensão e o 103 em Pentecostes.

AS LEITURAS DA PRIMEIRA CARTA DE SÃO JOÃO

A segunda leitura é, em cinco dos domingos da Páscoa, da Primeira Carta de João. Essa carta é um escrito reflexivo sobre a realidade e o significado da encarnação de Jesus Cristo, e dá motivo ao autor para mostrar as conseqüências que isso tem para a vida cristã. Um bom tema ético-teológico para esse tempo.

Esquematicamente, surgem cinco temas diferentes, começando pelo segundo domingo (no primeiro se oferecem a cada ano duas possíveis leituras sobre as conseqüências da Páscoa no comportamento cristão): dom. 2) pela morte de Jesus Cristo nascemos de novo e vencemos o mundo; dom. 3) o cristão não peca e, se peca, encontra o perdão; dom. 4) somos filhos de Deus e chegaremos a ser semelhantes a ele; dom. 5) seu mandamento é que creiamos e amemos; mas Deus nos amou primeiro.

No dia da Ascensão se lê um texto de Efésios sobre a soberania de Jesus Cristo, e no dia de Pentecostes um de 1 Coríntios sobre os dons do Espírito.

AS LEITURAS DO EVANGELHO

Nos dois primeiros domingos da Páscoa, cada ano são lidos os mesmos textos: o encontro do sepulcro vazio com Maria Madalena, Pedro e o discípulo anônimo que "viu e creu" (se pode ler também, no entanto, o Evangelho da Vigília); e a dupla aparição de Jesus aos discípulos, primeiro sem Tomé e, ao fim de oito dias, com Tomé.

5. Os Domingos da Páscoa (Ciclo B)

No terceiro domingo lemos este ano a aparição de Jesus no cenáculo segundo Lucas. Provavelmente é a aparição mais "materialista" que há nos quatro Evangelhos: Jesus é apalpado, Jesus come diante dos discípulos... Temos a mesma mensagem de Emaús e da transfiguração, e o chamado final: "Vós sois testemunhas disto".

No quarto domingo, cada ano, lemos um fragmento do capítulo 10 de João, o capítulo do Bom Pastor. Neste ciclo B se lê precisamente a parte central do capítulo, a de Jesus Bom Pastor, que o é não como guia do rebanho, mas como aquele que dá a vida por ele. Jesus Cristo guiará e reunirá finalmente todas as ovelhas mediante seu sangue derramado.

No quinto domingo, como dizíamos, propomos ler unidos os fragmentos do quinto e do sexto domingos: o capítulo 15 de João, com temas que será necessário selecionar: Jesus videira, a união com ele, o fruto, o amor, a alegria, a missão.

No sexto domingo propomos ler o Evangelho do sétimo domingo, que é a segunda parte do capítulo 17 de João: os apóstolos chamados à unidade, guardados por Jesus Cristo, consagrados na verdade, enviados ao mundo.

E, *finalmente, os dois últimos domingos*, da Ascensão e Pentecostes. Na Ascensão do Senhor lemos o final de Marcos (o único texto de Marcos nestes domingos), que acentua especialmente a missão dos apóstolos como prosseguidores de Jesus Cristo, que ascende ao céu. E, em Pentecostes, o dom do Espírito Santo no próprio dia da Páscoa.

Dom.	1ª leitura	Salmo	2ª leitura	Evangelho
1	Pedro proclama o querigma	117: Este é o dia em que o Senhor atuou	– Buscai os bens do alto (Cl) – Sede uma massa nova (1Cor)	O sepulcro vazio: "viu e creu"
2	A vida da comunidade primitiva	117: A vitória do crucificado. Este é o dia...	Nascemos de Deus, vencemos o mundo (1Jo)	As aparições sem Tomé e com Tomé
3	Pedro ao povo: Deus cumpriu suas promessas. Convertei-vos.	4: Confiança em Deus	Não ao pecado (1Jo)	Aparição aos discípulos no cenáculo: come com eles
4	Pedro ao Sinédrio: Deus salva por meio daquele que vocês crucificaram	117: A pedra que foi rejeitada tornou-se agora a pedra angular	Somos filhos de Deus, seremos semelhantes a ele (1Jo)	O Bom Pastor que dá a vida pelas ovelhas

5. Os Domingos da Páscoa (Ciclo B)

Dom.	1ª leitura	Salmo	2ª leitura	Evangelho
5	Apresentação de Saulo	21: Em sua presença se prostrarão as famílias dos povos	Seu mandamento é que creiamos e amemos (1Jo)	A videira e os ramos. Isso vos mando: que vos ameis uns aos outros
6	Batismo de Cornélio, o primeiro pagão convertido	97: O Senhor revela às nações sua salvação	Deus é amor (1Jo)	A "oração sacerdotal" de Jesus
7	Relato da Ascensão	46: Deus sobe entre aclamações	A soberania de JC (Ef)	JC envia os discípulos a anunciar o Evangelho e sobe ao céu
8	Relato de Pentecostes	103: Envia teu Espírito, Senhor...	Os dons do Espírito (1Cor)	JC entrega o Espírito no dia da Páscoa

6. OITO DOMINGOS DE PREGAÇÃO PASCAL (CICLO C)

José Aldazábal

As leituras da Qüinquagésima Pascal tem uma organização de conjunto que o pregador não pode ignorar.

São sete semanas — oito domingos — com uma unidade progressiva que vai oferecendo à comunidade cristã uma visão dinâmica do Mistério Pascal. As leituras deste tempo são o melhor guia para celebrar toda a Páscoa como um único dia, como "um único e grande domingo".

Cada um dos três ciclos tem sua própria personalidade, também na Páscoa. Por exemplo, muda a segunda leitura: no ciclo A, lemos a Primeira Carta de Pedro; no B, a Primeira de João, e no C, o Apocalipse. São leituras que iluminam a vivência pascal com tons diferentes.

Antes de preparamos a pregação deste tempo, será útil que lancemos um olhar no conjunto das leituras

OS EVANGELHOS DOS OITO DOMINGOS

Apesar de estarmos no "ano de Lucas", as leituras evangélicas do Tempo Pascal são tomadas em sua maioria de João. Há apenas duas ocasiões nas quais seguimos Lucas: o Domingo da Páscoa, se a Eucaristia é vespertina (com o episódio de Emaús), e o dia da Ascensão.

Há uma matização diferente nestes Evangelhos, segundo se trate dos primeiros ou dos últimos domingos.

No início escutamos *as aparições* de Jesus ressuscitado: o sepulcro vazio e a fé dos apóstolos (primeiro domingo), a aparição aos oito dias, com Tomé presente (segundo domingo), a aparição junto ao lago e a pesca milagrosa (terceiro domingo).

O quarto domingo está reservado nos três ciclos à figura do *Bom Pastor*, de João 10. Este ano em seus versículos 27-30: o Bom Pastor, identificado com o Pai, é o que dá a vida eterna a todos.

A partir do quinto domingo as passagens apontam para o *tempo posterior a Jesus*: para a vida da comunidade, tal como Jesus a anuncia

6. Oito Domingos de Pregação Pascal (Ciclo C)

em sua ceia de despedida, com o mandamento do amor fraterno (quinto domingo) e a promessa do Espírito (sexto domingo).

E terminamos com os dois grandes acontecimentos da *Ascensão* e de *Pentecostes* (sétimo e oitavo domingos), ponto de partida do tempo da Igreja.

O tema central dos Evangelhos é, portanto, Jesus Ressuscitado, presente a sua comunidade, especialmente por seu Espírito. Com um insistente olhar para a *vida sacramental* dessa comunidade: não apenas pela celebração do batismo e a confirmação na Páscoa, mas também pelas alusões à Eucaristia na refeição junto ao lago (pão e peixe: terceiro domingo) e ao sacramento da Reconciliação (segundo, sétimo e oitavo domingos).

A PRIMEIRA LEITURA: OS ATOS DOS APÓSTOLOS

Na Páscoa não se lê o Antigo Testamento, que é promessa e figura. Páscoa é realidade e cumprimento. Nos três anos se lêem os Atos dos Apóstolos, embora com uma seleção diversa cada vez.

Os Atos são a história da "comunidade de Jesus Ressuscitado", a Igreja, que é a prolongamento e o sinal vivente da Páscoa. Jesus continua presente e ativo no mundo por um duplo meio: o Espírito e a comunidade (sexto domingo, Concílio de Jerusalém: "não apareceu ao Espírito Santo e a nós...").

Na seleção deste ano ocupa um primeiro plano o *testemunho dos apóstolos*: Pedro na casa de Cornélio (primeiro domingo) ou diante do Sinédrio (terceiro domingo); Paulo e Barnabé em Antioquia ou Icônio (quarto e quinto domingos). Todos têm a mesma mensagem para proclamar: Jesus Cristo ressuscitou e é o único Salvador da humanidade. Este foi o encargo que receberam de Jesus em sua despedida da Ascensão (sétimo domingo): que anunciassem o Evangelho e fossem suas testemunhas. E os que iam crendo nele se agregavam à comunidade eclesial (segundo domingo), a partir do dia em que o Espírito irrompeu dinamicamente na primeira Igreja (oitavo domingo).

A leitura dos Atos na Páscoa nos oferece um verdadeiro espelho para a comunidade cristã de hoje.

Na pregação destes domingos seria necessário *escolher alguma destas pistas*, a que pareça mais enriquecedora para a comunidade concreta: a) *Cristo* continua vivo na Igreja, comunicando-lhe sua vida pascal; é necessário saber reconhecê-lo nela, apesar de seus limites e imperfeições; b) *o Espírito* é o melhor dom que Jesus Ressuscitado deu a sua Igreja; c) *os ministros* ordenados são um fator importante na formação e na animação das comunidades cristãs; d) a salvação que Cristo oferece é *universal*: não fica em Jerusalém; o encargo da Ascensão é a abertura aos pagãos (Pedro na casa de Cornélio; Paulo e Barnabé em países pagãos; o Concílio de Jerusalém e seu decreto de libertação da lei mosaica; Pentecostes e a multiplicidade de línguas...).

O APOCALIPSE, LIVRO PASCAL

A segunda leitura para este ano vai ser — desde o segundo domingo até o sexto — o livro do Apocalipse.

O Apocalipse é também o livro da Igreja. De uma Igreja na luta e a caminho, que já sabe o que são as dificuldades, mas que vive na esperança e caminha confiadamente para a nova Jerusalém, onde participará do triunfo definitivo do Cordeiro, Cristo.

A breve seleção desse livro que leremos nos oferece testemunhos de *Cristo pascal*: "estive morto, mas agora vivo" (segundo domingo), em meio a uma multidão de salvos que lhe entoam cantos de louvor: "digno é o Cordeiro imolado de receber o poder..." (terceiro domingo).

Mas principalmente será posta diante da nossa comunidade, frágil e pecadora como sempre, a *comunidade do céu*, cheia de alegria e glória, que "depois da grande tribulação" e de "passar fome e sede", está já desfrutando das "águas da vida" (quarto domingo); Deus enxugou suas lágrimas, e agora vive em "um novo céu e numa nova terra" (quinto domingo); sua morada é a "cidade santa de Jerusalém", construída sobre "doze pedras que levam o nome dos doze apóstolos", com o Cordeiro no meio, que é sua glória e sua luz (sexto domingo). É toda uma visão de esperança escatológica que se oferece à Igreja peregrina.

Outra dimensão que o Apocalipse nos convida a valorizar nesta Páscoa é o *domingo*. O próprio livro é uma série de visões que João teve precisamente no "dia do Senhor" (segundo domingo). E a reunião dominical cristã é um momento privilegiado no qual nos reunimos em torno de Cristo e ensaiamos a assembléia definitiva do céu, cantando-lhe nossos hinos de louvor, escutando sua palavra, participando no memorial de seu sacrifício pascal. É uma reunião dominical que também apresenta características de universalidade, como a descrita pelo Apocalipse: uma multidão de gente de toda raça e condição (terceiro, quarto e quinto domingos).

Assim, os três livros que leremos nestas semanas, o Evangelho de João, os Atos e o Apocalipse, nos oferecerão os *grandes valores do mistério pascal*, que são os centrais no cristianismo:

a) *Cristo* ressuscitado, presente entre os seus;

b) seu *Espírito*, o dom pascal de Cristo, que enche de sua luz e de sua força a comunidade; o "ano de Lucas", para o qual não há dúvida de que o Espírito é o protagonista supremo tanto da vida de Cristo quanto de sua Igreja, é um veio que deve ser levado em conta;

c) a presença dos *apóstolos-ministros* na vida da comunidade, como testemunhas privilegiadas e como pregadores incansáveis da Boa-Notícia;

d) a *própria comunidade*, a assembléia dos fiéis em Cristo, que caminha pela vida com a consciência de que Cristo lhe está presente, em marcha para a assembléia definitiva e gloriosa;

e) uma *comunidade universal*; se Cristo "subiu a Jerusalém" (é um dos temas mais próprios de Lucas), foi para realizar ali o Mistério da Páscoa e dali enviar a sua comunidade em uma missão mundial: até Roma;

f) uma comunidade que *se reúne no domingo* porque é o dia do Senhor ressuscitado, e que celebra os sacramentos; João (segundo domingo) situa os encontros da comunidade com Cristo ressuscitado "no primeiro dia da semana" e "aos oito dias"; o Apocalipse é uma experiência sucedida também no domingo...

Boas pistas — bastante ricas — para uma pregação otimista que faça progredir as comunidades cristãs em sua fé e em sua vida pascal.

BIBLIOGRAFIA

FARNÉS, P. *Leitura da Bíblia no ano litúrgico.* São Paulo, Paulinas, 2007.

FEDERICI, T. Estructura de la Liturgia de la palabra en los leccionarios antiguos y en el Ordo Lectionum Missae. *Phase* 151 (1986), pp. 55-81.

LESSI-ARIOSTO, M. Aspetti rituali e pastorali dei Proenotanda Ordinis lectionum Missae. *Notitiae* 191-192 (1982), pp. 330-335.

LÓPEZ, J. Leccionario de la Misa. In: *Nuevo Diccionario de Liturgia.* Madrid, 1987. pp. 1103-1113.

TENA, P. *El Leccionario de Lucas.* Barcelona, 1991. (Dossiers CPL 50).

Triacca, A. M. In margine alla seconda edizione dell "Ordo Lectionum Missae". *Notitiae* 190 (1982), pp. 243-280.

TRUIJEN, V. Les évangiles du lectionnaire de la messe. *Quest. Lit.* 3-4 (1984), pp. 213-232; Les lectures du N.T. dans la liturgie rénovée. *Quest. Lit.* 4 (1986), pp. 235-251; La lecture de l'A.T. dans la liturgie rénovée. *Quest. Lit.* 2-3 (1987), pp. 135-156.

VENTURI, G. Il lezionario, catechesi narrativa della Chiesa. *Riv. Lit.* 12 (1984), pp. 52-79.

VV.AA. *La Palabra en la celebración cristiana.* Barcelona, 1992. (Cuadernos Phase 33).

VV.AA. Le Lectionnaire dominical de la Messa. *LDM* 166 (1986), pp. 1-138.

VV.AA. Quand l'Écriture devient Parole. *LMD* 190 (1992), pp. 5-154.

SIGLAS UTILIZADAS

AAS	Acta Apostolicae Sedis
AG	*Ad gentes*
CCL	Corpus Christianorum series Latina
DMC	Diretório para Missa com Crianças
DV	*Dei Verbum*
IGMR	Instrução Geral sobre o Missal Romano (usaremos a terceira edição apenas para os comentários)
MR	Missal Romano
OLM	*Ordo leciotionum Missae* [Elenco das Leituras da Missa], editio typica altera, Libreria Editrice Vaticana, 1981. OM *Ordo Missae*, ordinário da Missa
PL	Patrologia latina de Migne
PO	*Presbyterorum ordinis*
SC	*Sacrosanctum Concilium*

SUMÁRIO

Introdução 5

Proêmio
Elenco das Leituras da Missa

Capítulo I.
Princípios gerais para a celebração litúrgica da Palavra de Deus 11
   1. Algumas premissas 11
   2. Celebração litúrgica da Palavra de Deus 15
   3. A Palavra de Deus na vida do povo da "Aliança" 21

Primeira parte
A Palavra de Deus na celebração da missa

Capítulo II.
A celebração da liturgia da palavra na missa 31
   1. Elementos e ritos da liturgia da palavra 31
   2. Coisas que ajudam a celebrar devidamente a liturgia da palavra 48

Capítulo III.
Ofícios e ministérios na celebração da liturgia da palavra da missa 53
   1. Funções do presidente na liturgia da palavra 53
   2. Função dos fiéis na liturgia da palavra 57
   3. Ministérios na liturgia da palavra 61

Segunda parte
Estrutura do Elenco das Leituras da Missa

Capítulo IV.
Distribuição geral das leituras da missa 69
   1. Finalidade pastoral do *Elenco das Leituras da Missa* 69
   2. Princípios na elaboração do *Elenco das Leituras da Missa* 74
   3. Princípios a serem aplicados no uso do *Elenco das Leituras da Missa* 83

Capítulo V.
Descrição do *Elenco das Leituras da Missa* 93
   1. Tempo do Advento 93
   2. Tempo de Natal 95
   3. Tempo da Quaresma 96
   4. Tríduo sacro e Tempo Pascal 98
   5. Tempo Comum 101

Capítulo VI.
Adaptações, traduções para a língua vernácula e indicações do
Elenco das Leituras da Missa 107
   1. Adaptações e traduções 107
   2. Indicações para cada leitura em particular 110

Apêndice

Tabela II. Distribuição da segunda leitura nos domingos
do Tempo Comum 113
Tabela III. Distribuição da primeira leitura nos dias
do Tempo Comum 114

Exemplos concretos para a compreensão do lecionário

1. Os domingos da Quaresma (ciclo A) 117
2. Os domingos da Quaresma (ciclo B) 121
3. Os domingos da Quaresma (ciclo C) 125
4. Quaresma: primeiras leituras dominicais (ciclo C) 128
5. Os domingos da Páscoa (ciclo B) 130
6. Oito domingos de pregação pascal (ciclo C) 136

Bibliografia 140

Impresso na gráfica da
Pia Sociedade Filhas de São Paulo
Via Raposo Tavares, km 19,145
05577-300 - São Paulo, SP - Brasil - 2007